AMAZING
GIRLS

了不起
的女孩 ②

杜蕾 著

中国致公出版社·北京

目　录

1　德兰修女：在爱中行走

5　南丁格尔：提灯女神

10　玛丽·居里：科学界的奇女子

15　勃朗特姐妹：荒原上短暂的石楠花

20　海伦·凯勒：假如给我三天光明

25　埃米·诺特：数学界的雅典娜

30　珍妮·古道尔：与黑猩猩共舞的女神

35　内蒂·史蒂文斯：神秘的"Y"

40　玛利亚·蒙台梭利：教育和世界和平的伟大象征

45　西蒙·德·波伏娃：女性的灯塔

49　法拉奇：世界第一女记者

53 玛格丽特·希尔达·撒切尔：叱咤政坛的铁娘子

58 可可·香奈儿：从贫困孤儿到时尚巨星

63 弗里达·卡罗：墨西哥玫瑰

67 奥黛丽·赫本：落入凡间的精灵

72 玛格丽特·汉密尔顿：低调的月球征服者

77 昂山素季：缅甸的女儿

82 惠特妮·休斯顿：天使与恶魔

86 阿加莎·克里斯蒂：侦探女王

91 J.K. 罗琳：魔法世界缔造者

德兰修女：在爱中行走

诺贝尔和平奖

（1910年8月27日—1997年9月5日）

"与世界相遇时，我们遇到的都是一个人，那个人或这个人。总是具体的人，而不是抽象的人类。只有爱具体的人，才能真正爱人类。"

她，原名艾格尼斯·刚察·博加丘，出身于一个信奉天主教的家庭，是家中最小的孩子。尽管生活的城市充满了贫穷、混乱和动荡，但在她的家庭中，她感受到了无私的爱和慷慨。她的父亲是一位杂货承包商，乐观、坚毅；母亲是一位家庭妇女，善良、勤劳。在父亲、母亲的影响下，小小年纪的她便满怀爱心，善待身边的每一个人。12岁的时候，她加入了天主教的儿童慈善会，力所能及地贡献着自己微薄的力量。再大一点后，她接受了专业的传教士训练，同时开始思索，如何为贫苦的人们做更多的事情。18岁的时候，当她看到神父为即将启程去印度的修女募捐时，一个大胆的决定在脑海中浮现：我也要到印度去。彼时的印度，处于英国殖民统治之下，大多数民众生活在水深火热之中。年轻的她怀着一片赤诚之心，义无反顾地来到了这里。

到达印度后，有人对她说：如果你要以修女为职业，你要为自己取个新名字。年轻的姑娘立刻想到了圣女小德兰，这是传教士的主保圣女，也是她准备一生效仿的榜样。"叫我德兰吧。"从那一刻开始，德兰修女便开启了新的人生。

德兰修女被派到加尔各答，这是印度的一个大型城市，也是一个饥荒、脏乱充斥的城市。虽然在朋友的信件里，德兰修女对这个城市有了大致的了解，但当她踏上这片土地时，还是被深深地震撼了：大街上到处都是无家可归的穷人，生病的、残疾的、被抛弃的……

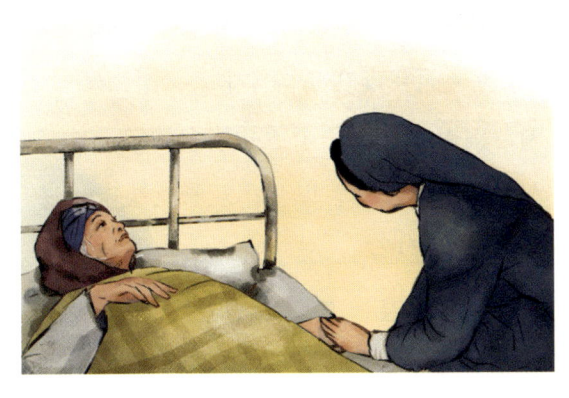

她在心里暗暗发愿，要改变这个局面，不惜付出自己的一切。

1947年，东巴基斯坦脱离印度独立，加尔各答涌入了数以万计的难民，许多传染病在城里蔓延开来。这时的德兰修女在圣玛丽中学担任校长的工作，虽然校内一片安宁，但校外满街都是无助的病人、乞丐和流浪孩童。这一切都折磨着德兰修女的心。

一天，德兰修女在广场旁发现一位老妇人倒在路上。她赶紧蹲下来仔细检查，发现这位老妇人的全身爬满了蚂蚁，伤口周围满是苍蝇和蛆虫。她一边为老妇人测量呼吸和脉搏、擦洗伤口，一边请人帮忙把老妇人送到附近的医院。可医院对这个没有家属的老妇人并不理会，经过德兰修女的再三恳求，医生才给老妇人看了病。

这个经历让德兰修女陷入了沉思，她深刻地认识到，为穷人服务并不是一件容易的事情，不仅需要全身心的投入，还需要极大的勇气和耐心。前方的道路也许还不清晰，但德兰修女心中的信念却越发明晰起来：要到穷人中去，一定要到穷人中去。

德兰修女不断向主教请求，终于辞去了校长的职务，得到了以自由修女的身份行善的许可。接着，她开始了一系列的专业的医疗训练，不到半年的时间，她便学完了应该花两年时间才能掌握的技能。

先武装好自己，才有能力去影响他人。凭借着内心的执着和对大爱的追求，1950年，德兰修女与其他12位修女，一起成立了"仁爱传教修女会"。两年后，她又建立了一个收容所，收容街头临危的病人，为他们疗伤，让他们休息。其中有个老人，在临死前拉着德兰修女的手说："我一辈子活得像条狗，而我现在死得像个人，谢谢了。"

1969年，英国记者蒙格瑞奇拍摄了一部关于德兰修女的纪录片，拍出了收容所和印度街头惊人的贫穷和无助，以及德兰修女决定终身侍奉最贫穷的人的精神，让许多人为之感动。感动之余，也有很多人不理解德兰修女的工作，这时候，她说道："人类的不幸并不单纯是贫困、生病或饥饿，真正的不幸是当人们生病或贫困时没有人伸出援手。"多朴实的话语啊，德兰修女不仅说到了，她也做到了。几十年来，她相继在世界各地127个国家设立了600多个慈善工作机构，有超过10万的群众受到她的影响，来做义工。这是怎样伟大的壮举。

1979年，德兰修女获得诺贝尔和平奖，她身穿价值一美元的印度纱丽走上了领奖台，她没有别的好衣服，她的眼里只有穷人。"这个荣誉，我个人不配，我是代表世界上所有的穷人、病人和孤独的人来领奖的，因为我相信，你们愿意借着颁奖给我，而承认穷人也有尊严。"她这样说道。

1997年9月5日，德兰修女微笑着离开了人世，享年87岁。印度为她举行了国葬，成千上万的人从四面八方赶来，当遗体抬过大街时，人们都虔诚地跪下，向这位爱的天使表达着最高的敬意。

因为有了她，这个世界变得温暖。

那些女孩教我的事：
爱是行者的脚步，在生命可贵的当下，唤醒爱，拥有爱，传递爱。

南丁格尔：提灯女神

第一个护士
（1820年5月12日—1910年8月13日）

"一个人必须要有理想，它是虚弱者的拐杖，是奄奄一息者的兴奋剂。"

1820年5月12日，一对英国贵族夫妇在欧洲旅游，途经佛罗伦萨时，迎来了他们的小女儿，并为她取了一个美丽的名字，弗罗伦斯·南丁格尔。

南丁格尔的父亲精通英、法、德、意等多国语言，母亲出身于英国王族，他们十分重视子女的教育。于是，南丁格尔在很小的时候，便开始了历史、哲学、数学、心理学、音乐与绘画等方面的学习，一直是同龄人中的佼佼者。

南丁格尔的母亲心地善良，热衷于慈善事业，她经常送食物、衣物给贫民，南丁格尔耳濡目染，从小便在心里种下了善良和仁爱的种子。那时，她住在一座大大的庄园里，时常能遇上受伤的小松鼠、小兔子、小鸟，她总是会将它们抱回家中，轻轻地揩净它们身上的血迹，为它们涂上药，给它们送上食物和温暖。空闲的时候，她还喜欢跟着牧师去拜访贫穷人家，尤其是有人生病时，她去得更勤。在照顾他人的过程中，南丁格尔逐渐发现自己对护理产生了浓厚的兴趣。

在南丁格尔的时代，护理是最底层妇女从事的工作，因此，当南丁格尔表达了想去学习护理，从事护理工作的想法时，遭到了父母的强烈反对，他们把她关在家里，不再让她随意出门。

在漫长的日子里，南丁格尔只能借着阅读医学报、医疗常识手册、孤儿院简介等来得到一丝丝的安慰与快乐。长期的忧郁渐渐影响了南丁格尔的健康，于是，家人决定送她出去旅行，希望能让她心境开阔一些。

这次旅行，南丁格尔去了罗马、埃及和希腊，每到一处，她都拒绝奔赴枯燥的宴请、乏味的舞会，而是去探访孤儿院、医院。旅行途中，她用更多的时间开始思考人生存在的价值和意义，心底的理想之光越发明亮——要成为一名护士，要从事一项值得为之奋斗终生的事业。终于，在她31岁的时候，她不顾周围人的反对，进入了德国的护士学校，选择了护士这个职业。

1853年，南丁格尔成为伦敦慈善医院的护士长。第二年，克里米亚战争爆发，当时英军的医疗救护条件非常恶劣，伤病员死亡率高达42%。善良的南丁格尔主动申请，带领着一支由38名护士组成的医疗小队，毅然奔赴前线，护理那些受伤的士兵。

有一次，南丁格尔一边给一位受伤的士兵换药，一边轻声安慰他，士兵感动得流下了泪水。这时，一位少校军官把南丁格尔叫了出去，带着满脸不屑的神情说道："小姐，我看你们还是回伦敦去吧，你就是治好了这些伤员，他们也不可能再上战场了。"

"我不明白，为什么呢？"南丁格尔不解地问。

"你想，一个动不动就流泪的人，还能冲锋陷阵吗？你和你的同伴把他们娇宠坏了！"

"不！"南丁格尔说，"在我眼中，他们是人，是兄弟，是鲜活的生命！这里的每一个生命都是宝贵的！他们受伤了，就应该得到护理和安慰。"说完，南丁格尔不顾少校的错愕，头也不回地向病房走去。那些受伤的伤员，还等着她呢，等她去护理身体上的伤痛，等她去唤起他们活下去的勇气和信念。

在战场上，南丁格尔克服种种困难，建立各种管理制度，提高护理质量，使伤病员死亡率大幅下降到 2.2%。每当夜幕降临，她便手提风灯，沿着一条崎岖的小路，巡视病房。一位伤病员曾写道："灯光摇曳飘过来了，寒夜似乎也充满了温暖……我们几百个伤员躺在那，当她来临时，我们挣扎着亲吻她那浮动在墙壁上的修长的身影，然后再满足地躺回枕头上。"南丁格尔也因此被伤病员们亲切地称为"提灯女神"。

战争结束后，南丁格尔回到英国，被人们推崇为民族英雄。尽管她离开了前线，但她依然为卫生与医学工作而奔波。1860 年，她

用政府奖励给她的4000英镑，创建了世界上第一所正规的护士学校。随后，她又为助产士及经济贫困的医院护士创办了培训班，为更多的人提供职业培训，并逐步规范护理行业的操作标准。

南丁格尔的身体一直不好，1901年，因操劳过度，她双目失明。即便如此，她依然没有停下工作的步伐，不断地接见来访者，宣传她的护理思想和主张，期待更多的人加入护理的团队。

1910年8月13日，90岁高龄的南丁格尔在睡眠中安详去世了。从上流社会的贵妇，到一个为全人类的健康和生命奔走的社会活动家，南丁格尔为自己的理想信念奔忙了一生。她终身未嫁，没有子女，没有丈夫。数十年如一日地为身处黑暗中的人们高高举起手里的明灯，她照亮了无数人前行的路，也将自己伟大的一生奉献给了光明。人们为了纪念这位高尚的人道主义者和善良的"世界护理学之母"，便把她的出生日5月12日定为"国际护士节"。

那些女孩教我的事：
理想是一盏明灯，照亮夜行的路。

玛丽·居里：科学界的奇女子

物理学家
（1867年11月7日—1934年7月4日）

"我们的生活都不容易，但是那有什么关系？我们必须有恒心，尤其要有自信力！我们必须相信，我们的天赋是要用来完成某件事情的，无论代价有多么大！"

居里夫人是波兰裔法国籍著名物理学家、化学家。她原名玛丽亚·斯克沃多夫斯卡，出生在波兰华沙。她的父亲是一名数学和物理老师，母亲是华沙一所女子学校的校长。她从小就喜爱父亲实验室中的各种仪器，那时便萌发了对科学的兴趣。

还在中学时，玛丽亚就已经熟练掌握了英、德、俄、法、波兰五国的语言，以优异的成绩毕业。但当时的家境不允许她去读大学，所以她不得不中断学业，去乡村当了一名家庭教师，直到她24岁时，才重新离开家乡去巴黎求学。

一来到巴黎，玛丽亚便废寝忘食地投入到学业中去。巴黎的春天繁花似锦，美好的景色却从不曾让她驻足观赏，她强烈的求知欲望，不允许她浪费一分钟。因为生活艰苦，玛丽亚住在简陋的小房子里，寒冷的冬天滴水成冰，晚上睡觉时，把所有的衣服穿在身上，钻进被窝，她依然冻得浑身颤抖，无法入眠。很多时候，她都在图书馆里躲避严寒，饿了就用面包和茶水充饥。时间一晃，两年过去了，苦读岁月终于迎来了阶段性的成果。玛丽亚获得了巴黎大学的物理学学士学位，第二年，她又以优异的成绩获得了数学学士学位。此后，她继续在巴黎大学学习，专注于研究放射性现象。

在大学期间，一位同样优秀的青年科学家走入了玛丽亚的生活，两个志同道合的年轻人在一块儿有着说不完的话，1895年，玛丽亚走入婚姻的殿堂，成为居里夫人。

1898年7月，居里夫妇向法国科学院提交了一份工作报告，报告中指出他们发现了一种新元素，居里夫人把这种新元素命名为"钋"。"钋"的法文意思是波兰，以此来表达自己对祖国的感恩之情；几个月后，居里夫妇又在沥青铀矿中找出了一种未知的元素，他们把这种新元素命名为"镭"。

尽管"镭"被发现了，但科学家们的态度是严谨的，居里夫妇必须从沥青铀矿中分离出更多的、更纯净的"镭"。

当时，这对年轻的科学家夫妇的收入仅能勉强维持生活，他们没有专门的实验室，更加请不起帮工，所以，无论是严寒还是酷暑，居里夫人都扮演着母亲、科学家和工人的角色，她每天早上照顾完孩子之后，便穿着满是污渍的工作服，在简陋的实验室里，连续几个小时搅拌熔化锅里沸腾的铀矿废渣。经过上万次的实验，1902年，居里夫妇终于从8吨铀矿废渣中成功地提炼出了0.1克纯净的白色晶体——镭。

凭借这个成果，1903年，居里夫妇获得了诺贝尔物理学奖。这是居里夫人第一次获得诺贝尔奖，她成为第一位获得此殊荣的女性科学家。然而，她并没有停下求索的脚步，依然日夜不停地工作着。

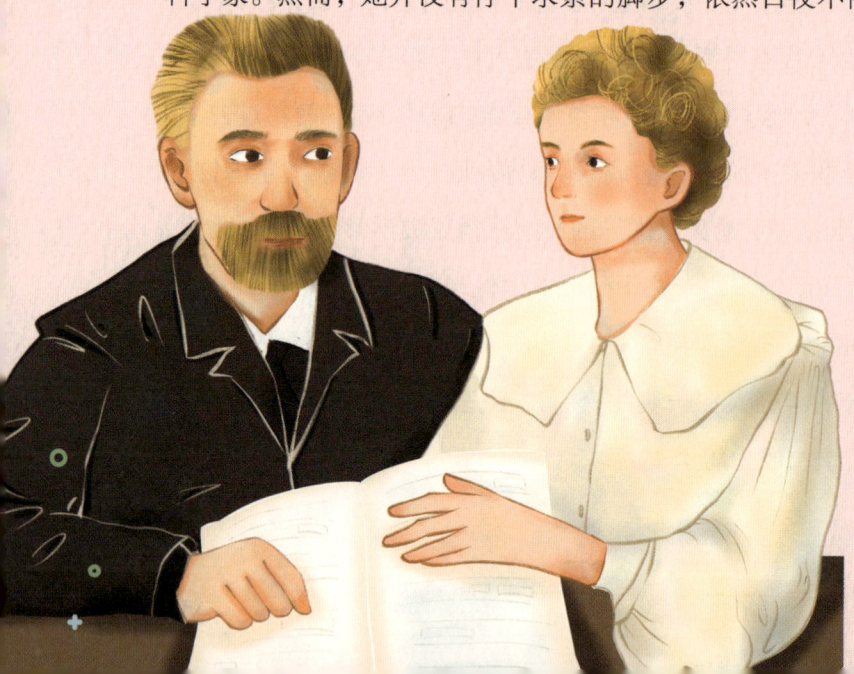

直到 1906 年，幸福、忙碌的生活突然被打断，居里夫人最亲爱的丈夫在一场交通事故中不幸离世，悲痛之余，居里夫人咬紧牙关，独自一人扛起了家庭和事业的重担。也许她没有时间去悲伤，两个年幼的女儿还等着妈妈来照顾；也许她没有时间去悲伤，科学世界还等着她去探究。她没有被生活的困苦击倒，凭着强大的毅力和乐观的心态，来面对每一天。

1910 年，居里夫人完成了《放射性专论》一书，她还与人合作，成功制取了金属镭。第二年，瑞典皇家科学院为这位杰出的女科学家颁发了第二个诺贝尔奖。这一次，她获得的是诺贝尔化学奖。

一位女性科学家，在不到十年的时间里，两次在两个不同的领域里获得了世界科学的最高奖项，这在人类科学史上是独一无二的。

因为长期从事放射性物质的研究工作，再加上恶劣的实验环境以及多年来因超额工作对身体产生的损伤，1934 年 7 月 4 日，居里夫人因恶性贫血症离开了人世。她的医生写下了这样的报告："她所得的疾病是一种发展迅速、伴有发烧的继发性贫血。骨髓没有造血反应，可能是因为长期积累的镭射量造成的伤害。"

回顾居里夫人的一生，她从一个天真活泼的小女孩到坚韧勇敢的女学者，从年轻时刻苦学习的优秀学生到变成科学教科书里的新名词"放射线"和物理学的一个新的计量单位"居里"，直至成为了科学史上一块永远的里程碑。当然，她也曾有过迷茫，丈夫去世后，她非常伤心，意志消沉了几个月，但最后她还是重拾信心，继续在科研的道路上奔跑，不仅成了一位受人敬佩的伟大科学家，还是一位令人仰慕的优秀母亲，她的女儿们也成了优秀女性的典范。

她的一生，用伟大来形容毫不为过。

> 那些女孩教我的事：
> 勇敢的人不是不落泪的人，而是含着眼泪继续奔跑的人。

勃朗特姐妹：荒原上短暂的石楠花

作家

夏洛蒂·勃朗特（1816年—1855年）
艾米莉·勃朗特（1818年—1848年）
安妮·勃朗特（1820年—1849年）

"假如你避免不了，就得去忍受。不能忍受生命中注定要忍受的事情，就是软弱和愚蠢的表现。"

——夏洛蒂·勃朗特

"如果你还在这个世界存在着，那么这个世界无论什么样，对我都是有意义的。如果你不在了，无论这个世界多么美好，它在我眼里也只是一片荒漠。"

——艾米莉·勃朗特

"只因道路崎岖而漫长，难道就可以无视云雀的歌唱？"

——安妮·勃朗特

近代英国文坛上，勃朗特三姐妹被称为"荒原上短暂的石楠花"，她们的生命都是那么短促，令人扼腕叹息。其中夏洛蒂·勃朗特活了39岁，艾米莉·勃朗特活了30岁，她们的妹妹安妮·勃朗特活得更短，仅仅只有29岁。

三姐妹出身于一个贫苦的牧师家庭，家中除了她们三个，还有其他三个孩子，母亲很早便去世了，生活的重担全部压在父亲肩上。好在她们的父亲生性乐观且学识渊博，他经常让孩子们看书，给他们讲故事，在三姐妹的心中埋下了最初的文学的种子。

夏洛蒂是大姐，在她的少女时代，就已经写出了很多诗歌、剧本和小说。1839年和1841年，为了补贴家用，夏洛蒂曾两次到有钱人的家里去做家庭教师。这段经历使夏洛蒂品尝到了生活的酸甜苦辣，也为她写作《简·爱》积累了最原始的素材和最深刻的感受。

二姐艾米莉，被人们认为是三姐妹中写作天分最高的一位，被誉为英国19世纪文学史上最奇特的女作家。她的性格非常封闭，一生中几乎没有朋友，但她极富正义感，这就为《呼啸山庄》的诞生创造了条件。

《呼啸山庄》被英国著名作家毛姆推选为十部"最佳世界小说"之一,与《战争与和平》并列。小说讲述了一个悲欢离合的人间传奇故事。在这部小说中,艾米莉几乎把全部笔力集中在吉卜赛弃儿希斯克利夫身上。故事从弃儿被呼啸山庄的庄园主人收养开始,他与庄园主的女儿凯瑟琳青梅竹马,心心相印。然而因为出身和社会地位的悬殊,他们的爱情遭到凯瑟琳的哥哥辛德雷的强烈反对和百般阻挠。希斯克利夫一再受到辛德雷的敌视、嘲弄和羞辱,终于忍无可忍而愤然出走。三年后,他带着大量的财富重返山庄。这时,凯瑟琳已经嫁于他人。希斯克利夫开始了一系列的破坏和报复,20多年后,当他回顾过往,爱人已逝,他也放弃了对下一代报复的执念,最终以自杀告终。

小妹妹安妮和两位姐姐不同,她有着一颗温柔却勇敢的心,她笔下的主人公都有着纯洁的品德,敢于去追求独立和幸福,这同样也是安妮内心的写照。她的代表作《阿格尼斯·格雷》具有很强的

自传性，讲述了一位怀着美好的理想和满腔的热情踏上社会的家庭女教师，在面对人间的辛酸时，凭着坚定的信念和百折不回的毅力，赢得家庭和事业的故事。

勃朗特姐妹三人爱写诗，曾在1846年一起合出了一本诗集，但没有成功，仅卖出了两本。第二年，她们每个人都完成了一部长篇小说，但只有艾米莉的《呼啸山庄》和安妮的《阿格尼斯·格雷》被出版商接受了，夏洛蒂的《教师》被退回。夏洛蒂没有灰心，她重振旗鼓，开始了《简·爱》的创作。她曾对两个妹妹说："我要写一个女主角给你们看，她和我是同样的貌不惊人和身材矮小，然而她却要和你们所写的任何一个女主角一样能引起读者的兴趣。"

简·爱在夏洛蒂的笔下诞生了，她出身卑微，相貌平平，但她并不因此自卑。她有着顽强的生命力，从不向命运低头，最后，在不懈的努力下获得了自己向往的美好生活。《简·爱》一经出版，便大获成功，立刻轰动了英国文坛。当时，夏洛蒂用了一个男性化的笔名"柯勒·贝尔"来署名，这是因为在那个年代，女性从事文学创作不被世人认可。著名作家、《名利场》的作者萨克雷读到小说后，非常激动，他给出版公司写信："《简·爱》使我非常感动，非常喜爱。这本小说是我能花好多天来读的第一本英国小说。它看上去像是一位女性写的，但是，她是谁呢？"直到第二年夏天，夏洛蒂和她的妹妹安妮从家乡来到伦敦，人们才见到了"柯勒·贝尔"的庐山真面目。

勃朗特三姐妹几乎同时写出了三部经典作品，这在世界文学史上不得不说是一个奇迹。然而命运是残酷的，三姐妹中先是艾米莉染上肺结核在1848年去世，接着第二年，安妮也因同样的病症离开人世。安妮临终时留给姐姐的最后一句话是："勇敢些，夏洛蒂！"

但是七年之后，1855年，夏洛蒂也因疾病去世了。

　　三姐妹的一生是短暂且充满荆棘的，但也是璀璨的、足够闪耀后世的，她们对生活的不屈，对梦想的执着，她们为人类留下的作品，以及所表现出来的昂扬向上、追求理想的精神，照亮着一代又一代人前进的道路。

那些女孩教我的事：

纵使一路遍布荆棘，也要大步向前。

海伦·凯勒：假如给我三天光明

社会活动家
（1880年6月27日—1968年6月1日）

"一个人要求得真正的知识，就必须独自爬上困难的山峰，既然没有平坦的路途到达知识的顶峰，那么我就要用自己的方法盘旋而上。"

1880年，海伦·凯勒出生在美国的亚拉巴马州，出生时她是一个健康的孩子，和其他孩子一样，会对着爸爸撒娇，会对着妈妈微笑。在她19个月大的时候，不幸降临了。一次高烧让她的脑部受到伤害，差点丧命。最后她虽然保住了性命，但她再也看不见、听不见，19个月大的孩子还没有好好感知世界，就被禁锢于黑暗的牢笼之中。

小海伦2岁了，她在跌跌撞撞中学会了走路，可因为眼前一片黑暗，耳朵里也听不到亲人对她的呼唤，她不敢多迈出一步。母亲走过来拥抱她、亲吻她，用手抚摸她的额头，给她爱的鼓励。终于，小海伦大着胆子，一只手牵着母亲的衣角，一只手开始探索。在母亲的指引下，她摸到了屋角放着的架子，门口的鞋子，挂在椅子上的外套。一个月下来，小海伦便能在家里来去自如。

5岁的时候，海伦不仅能知道家里家具摆放的位置，还学会了触摸别人的脸或衣服来识别对方，甚至学会了靠闻不同的植物和触摸地面来辨别自己在花园中的位置。她在学习上的天赋甚至比正常孩子还要高。

父母希望海伦能拥有正常孩子的一切，尤其是能交到朋友，于是邀请了很多小朋友来家里玩，海伦很开心，她希望能成为别人的朋友，可她看不见，也说不出，费了好大的劲也无法让别人明白自己。她恼怒、她悲伤，她学会了摔东西，在屋子里乱跑乱撞，大声地哭泣。海伦的父母很悲伤，不知怎样才能帮到她。

经过多年的物色，终于在海伦快要7岁的时候，父母为她请来了一位教授聋哑孩子非常有经验的家庭教师——安妮·沙利文小姐。

　　第一次见面，沙利文小姐便喜欢上了这个7岁的小姑娘。她送给海伦一个洋娃娃，然后在她手掌上拼写"d-o-l-l"（洋娃娃）。这个使用手指的游戏立刻引起了海伦的兴趣，她抓住沙利文小姐的手指，请她写了一遍又一遍。在反复书写的过程中，海伦一次次地感受老师在掌心画下的顺序，一次次地去触摸洋娃娃的形状，直到她完全明白这个词的含义。紧接着，在沙利文老师的帮助下，她学会了水、桌子、椅子等身边的物品，还去户外认识了花、草、小树等有生命的东西。

　　除此之外，海伦还开始学习说话，然而，一个人在无声无光的

d-o-l-l

世界里，要想与他人进行有声的交流，可想而知是多么的困难。海伦一遍又一遍地练习着，有时为了一个简单的"爸爸"，都要练上好几个小时，她始终没有退缩，直到清晰地发出这个音为止。

和外界的交流开始慢慢多了起来，海伦的新世界被打开了。她开始接触盲文，阅读盲文书，她对知识的理解能力在不断地提升，同时对知识的渴求越来越浓烈。她每天坚持学习10个小时以上，早上先用3个小时自学，然后用2个小时默记当天所学的知识，再用1个小时将这些知识默写下来，剩下的时间用来练习写作。在不懈的努力和惊人的毅力之下，一本20万字的书，她用9个小时便能读完，并能记忆下来，还能将书中精彩的句子和自己对文章的独到见解在2小时之内写出来，这对常人来说，都是个不小的挑战。

除了阅读，海伦还开始学习法语、德语等多国语言，还学习了代数、几何、物理等课程。1899年，海伦19岁，她凭借德语和英语优异的成绩，顺利考入哈佛大学。

在哈佛大学求学期间，据说一位博士生听到海伦的事迹之后，很不服气，于是在公众场合向她提出挑战。他们进行了三轮比试，最后博士生心悦诚服地将自己的博士帽戴在了海伦的头上。

1902年，海伦的第一本著作《我的生活》出版，这是她的处女作，记录了她心理与智力成长的精彩过程。该书一经出版，立刻在美国引起了轰动，被称为"世界文学史上无与伦比的杰作"。此后，她开始游走于美国各地，并在全球范围内进行演讲和宣传活动，她致力于为盲聋人士争取权益，并推动社会对残障人士的关注。

对于海伦·凯勒，很多人都评价她是个了不起的女性，在充满挫折的人生道路上，她没有抱怨、没有放弃，而是去突破生命的极限，创造了无数的奇迹。这些奇迹，影响了无数在生死之间挣扎的人们，人们为她所感动、惊叹,她的一生化成一种力量、一种勇气,值得人们永久铭记。

那些女孩教我的事:

一只站在树上的鸟儿,从来不会害怕树枝断裂,因为它相信的不是树枝,而是它自己的翅膀。

埃米·诺特：数学界的雅典娜

数学家

（1882年3月23日—1935年4月14日）

"哪里存在对称，哪里就会出现一条相应的守恒律。"

　　数学是一门古老而又神秘的学科，被誉为自然科学的皇冠，从中世纪开始，数学家们在代数、几何和三角学等领域取得了重大突破，而在欧洲文艺复兴时期，数学则成为科学研究的基石，在技术领域发挥着重要的作用。

　　有一位女性数学家，被大科学家爱因斯坦称为"自妇女接受高等教育以来最杰出的富有创造性的数学天才"，并指出，凭借她所发现的方法，"纯粹数学成了逻辑思想的诗篇"。

　　1882年，在德国一个中产阶级的犹太人家里，一个小女孩呱呱坠地，母亲亲切地称呼她为埃米。犹太人非常注重家庭教育，尤其注重父母的言传身教。小埃米的父亲是一位知名数学教授，家中时常会有朋友过来进行数学演算，在父辈们的讨论、争执、欢呼声中，小埃米被数学散发出来的魅力深深吸引，同时，她也显示出了对数学极大的天赋。

　　当时，在德国，女孩子很少有受教育的机会，为中产阶级家庭女孩设立的学校，也仅仅是为了完成学业。中学时代的埃米对学校专门为女孩开设的钢琴、舞蹈等课程没有兴趣，独对数学情有独钟。凭借在学校的优异成绩，毕业时的埃米完全可以获得一份在女子学校教授英语和法语的工作，但她和父亲深谈了一次，发出了"我要学数学"的呼声。

　　在父亲的支持下，埃米考入了父亲的母校，也是父亲执教的大

学——爱尔朗根大学,当时一同考入大学的几百位学生中,只有两名女生。可当时的德国,有一个非常歧视女性的规定,不准女子在大学拥有学籍,在缴纳学费的前提下只能当旁听生。埃米没有被这种歧视击倒,她大大方方地走进教室,在所有男同学的注视下,坐在离讲台最近的位置,认真听课,勤奋学习。天资聪颖的埃米很快就获得了教授们的好感,他们都很喜欢这个聪明的女孩子,破例让她和男生一样参加考试。可是当她顺利通过毕业考试后,却成了一个没有文凭的大学毕业生。

埃米不在意这张文凭,她认为学到知识才是最重要的。毕业那年,她在父亲的陪同下来到了数学圣地哥廷根大学,旁听了希尔伯特、克莱因、闵可夫斯基等数学大师的讲课,几个月的时间里,她大开眼界,大受鼓舞,越发坚定了自己要终身从事数学研究的理想。

不久,爱尔朗根大学允许女生注册的消息传到了哥廷根,埃米欣喜若狂,她急忙收拾好行李,立即赶回母校去专攻数学。这一次,全系47个学生,她是唯一的女生,不过,这次,她拥有了自己的学籍。

1907年12月,她以优异的成绩通过了博士考试,成为这所学校第一位数学女博士。

1908年至1915年间,埃米在爱尔朗根大学的数学研究所工作,但并没有任何头衔和收入,仅仅是在父亲生病的时候,给父亲代代课。更多的时候,埃米都在自己的房间,凭着对数学的热爱,默默地耕耘着。

1916年,埃米34岁了,这一年她迎来了生命中的重要转折点。著名数学家希尔伯特希望埃米能够来哥廷根大学讲授数学课程,但当时的哥廷根大学没有专门的数学系,数学被划在哲学系里,聘请埃米必须经过哲学系教授会议批准。

出于对妇女的传统偏见,希尔伯特的提议出来后,各种言论四起:"女人就该在家里带孩子,讲台不适合她!""让男学生向女教师请教问题,这成什么样子!""女人怎么可能担当教师的重任!"在一次会议上,希尔伯特气得拍案而起,他愤愤说道:"先生们,别忘了这里是大学而不是洗澡堂!"最终,埃米还是没能拿到正式的教师职位。这种打击,对于埃米来说,已经屡见不鲜,她微微一笑,接受了希尔伯特的提议,以代课的名义,成了不领薪水的义务讲师。

不过,那些持反对意见的先生们,不久就被自己的错误言论羞愧得无地自容。因为仅仅过了几年时间,这位遭受歧视、只能以别人的名义代课的女性,就用一系列卓越的数学创造,震撼了哥廷根,震撼了世界数学界,跻身于20世纪著名数学家行列。

尽管埃米在数学界有了一定成就,可这些成就并没有停止世人对女性的歧视,她的处境一样艰难:哥廷根大学虽然授予了她"教授"的称号,却是编外的性质,她只能从学生的学费中支取一点点薪金,来维持极其俭朴的生活;更有甚者,1929年,德国法西斯把埃米赶出了居住的公寓；1933年，所有的犹太人被赶出大学，埃米也失去了她的工作。

随后，在好友的帮助下，埃米漂洋过海来到美国，在布林莫尔大学教书，此时的她已经年过五十，但对工作依然干劲十足，她将头发梳得整整齐齐的，戴着厚厚的近视眼镜，与学生们一起讨论数学，在美国的这段日子，她受到了前所未有的尊敬。

1935年，53岁的埃米离开了人世，所有人都感到惋惜，布林莫尔大学为埃米举行了追悼会，爱因斯坦为她写下了讣文。她的成就，刻在了数学发展史的丰碑上；她的研究，激励了无数后世的数学家和科学家；她的无惧歧视的精神，赢得了全世界的喝彩。

那些女孩教我的事：

没有什么可以打倒我，除了我自己。

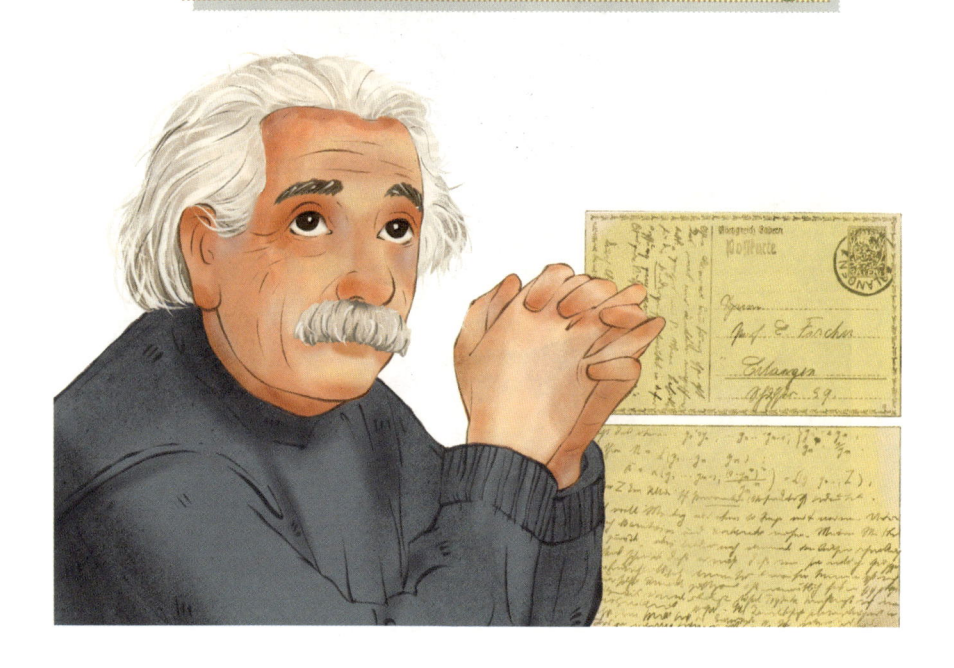

珍妮·古道尔：与黑猩猩共舞的女神

动物学家
（1934年4月3日— ）

"我有一个梦想,那就是人类能够和自然和谐共存,能够认识到我们和其他动物之间的联系,能够珍惜我们共同的家园——地球。"

你们在动物园看见过黑猩猩吗?觉得它们聪明吗?据科学研究表明,黑猩猩的基因与人类最为接近,一只成年黑猩猩的智商相当于5到10岁孩童的智商,IQ值在80到90之间。可见,与黑猩猩打交道一定是一件有意义且富有挑战性的工作。

在世界上拥有极高声誉的英国著名动物学家珍妮·古道尔就是这一工作的践行者,从20世纪60年代开始,她就与黑猩猩相识、相遇,如果仔细算起来,她与黑猩猩的不解之缘要从她刚出生的时候说起。

1934年4月3日,珍妮·古道尔出生在英国伦敦的一个小镇上,她刚满一岁的时候,妈妈送给她一个大的毛绒玩具——黑猩猩作为生日礼物。因为在那一年,伦敦动物园首次降生了一只小黑猩猩,引起了民众的强烈关注,黑猩猩造型的物品风靡了整个伦敦,黑猩猩玩偶也成了孩子们最为追捧的玩具。

妈妈给黑猩猩玩偶取了个名字叫"朱比",让它作为珍妮的好朋友,每天陪着她。珍妮吃饭时,朱比坐在她的身边;珍妮玩耍时,朱比就静静地看

着她。等到珍妮再大一点，会认字后，便开始阅读有趣的故事书，其中有一本《杜立德医生》是她最喜欢看的，因为书里面的主人公能和各种动物对话，有好多好玩的冒险故事。

"朱比，你知道你的家乡在哪吗？"珍妮偶尔也会和朱比说话，她在书里看到，非洲有很多真正的黑猩猩，她梦想着有一天能去非洲，和这些黑猩猩成为朋友。

珍妮默默努力着，她一边打工攒钱，一边学习动物研究的相关知识，终于得到一个机会来到了肯尼亚。更让人激动的是，她在这里遇到了著名的人类学家路易斯·利奇。

利奇博士被珍妮对动物研究的热情深深地打动了，他向珍妮发出邀请，希望她能参与灵长类动物研究计划，去坦桑尼亚观察野生黑猩猩群。珍妮没有想到自己多年的梦想得以实现，她欣喜若狂，欣然接受了这个任务。这一年是1960年，珍妮·古道尔26岁。

坦桑尼亚冈贝河西岸的雨林中有150平方千米的保护区，这里正是黑猩猩群生息繁衍之地，也是动物学家们最好的观测点。珍妮虽然没有接受过专业训练，但她凭借女性的温柔和细腻，初步获得了黑猩猩们的好感。

尽管如此，黑猩猩们依然对这位不速之客保持着距离，珍妮只能暂时在500米外的地方观察它们。她每天穿着同样的衣服，在同样的地方活动，然后拿着笔记本记下每一只黑猩猩的性格特点，为它们取上名字。

15个月后，黑猩猩们渐渐习惯了这位每天与它们一起活动的女士，其中有一只比较大胆的黑猩猩正在尝试着接近珍妮。珍妮叫它"白胡子大卫"。

这天，"白胡子大卫"看到珍妮坐在小河边，便静静地走了过去，珍妮没有害怕也没有激动，像对待老朋友一样，递了一根香蕉给它。几天后，"白胡子大卫"带着一个伙伴走了过来，珍妮依然平静地递给它们香蕉，一来二去，黑猩猩们放下了对珍妮的戒备，珍妮可以近距离观察它们，甚至和它们一起吃、玩、睡，她成了黑猩猩们的朋友。

"白胡子大卫"和珍妮的关系最好，珍妮经常跟着它一起活动。在一次捕食过程中，珍妮有了惊奇的发现。那一次，"白胡子大卫"的食物是一窝白蚁，只见它思索片刻后，拾起一根树枝，将其折断成一小截，然后去掉叶子蘸上吐沫，插入白蚁巢。接着，它便一屁股坐下来，耐心地等待白蚁爬满树枝后，然后拔出树枝，美美地享用了一顿白蚁大餐。珍妮把这一发现汇报给利奇博士，他惊叹道："现

在我们必须重新定义人类，重新定义工具，或者接受黑猩猩为人类！"

一晃两年的时间过去了，珍妮还发现了黑猩猩许多复杂和有趣的行为。比如，黑猩猩每天都要用两三个小时互相梳理毛发，这是它们联络感情的方式；它们久别重逢后会拥抱、亲吻；有的黑猩猩性格温驯，有的则暴躁；雄性黑猩猩会通过暴力或联盟来争夺领导地位，雌性黑猩猩则会通过母系血缘来维持群体关系。

这些发现让全世界对黑猩猩有了全新的认识，珍妮因此也成了研究黑猩猩的专家。1962年，在利奇博士的帮助下，她以研究生的身份进入剑桥大学攻读博士学位；1965年，珍妮获得动物行为学博士学位，成为剑桥大学第一个没有本科学位就直接获得博士学位的人。

对于这些成就，珍妮并不满足，她意识到人类收获了大自然的馈赠，同样也需要做出回馈。于是，珍妮义无反顾地投身于保护黑猩猩和自然的事业中。从1970年开始，她陆续获得了许多保护自然的奖项，2001年，珍妮获得联合国颁发的"马丁·路德·金反暴力奖"，这个奖曾经有两位人士获得过，他们分别是南非前总统曼德拉以及联合国前秘书长安南。

珍妮·古道尔现在已经90岁了，但她仍然保持着旺盛的精力去关注科学，关注大自然。正如她曾经说过的："人生中有许多提供我们透视世界、寻找意义的窗口，科学即是其中一扇。许多聪明、洞见犀利的科学家，前赴后继地擦亮了窗上的玻璃。透过这些窗户，我们对于人类过去未知的领域可看得更远、更清楚。"

那些女孩教我的事：

人生是用来体验的，只要敢于开始，任何时候都不会晚。

内蒂·史蒂文斯：神秘的"Y"

遗传学家
（1861年7月7日—1912年5月4日）

"雄性黄粉虫虽也有20条，但其中有一条却比其他19条小得多。这看起来是染色体决定性别的现象。"

你是男孩子，我是女孩子，我们不一样，但是什么决定了我们的性别呢？从生物教科书上，这个问题得到了解答：人类23对染色体中有着一对特殊的存在，那就是性染色体。携带XX染色体的个体会发育成女性，对应的，携带XY染色体的个体则会发育成男性。发现染色体的存在绝对是科学界的大事件，可提出这个概念的科学家——内蒂·史蒂文斯却因为她的女性身份，被科学界选择性忽略。

1861年7月7日，在美国一个小镇的一户普通家庭中，小内蒂出生了。她的父亲是一位木匠，尽管凭借精湛的木工手艺给家里带来了不错的收入，但厄运一直笼罩着这个小家。家里原本有4个孩子，两个男孩却早早夭折，只留下了小内蒂和妹妹。小内蒂4岁的时候，妈妈也生病离世，悲伤的父亲想换一个环境让女儿们好好生活，于是带着两个女儿来到了马萨诸塞州的韦斯特福德。

父亲的思想比较开明，不会因为小内蒂和妹妹是女孩，就中断她们的学业。小内蒂和妹妹在学校也非常争气，表现出了超强的学习能力，一直以优异的成绩在同学们中领跑。1872年到1883年间，韦斯特福德学院仅有三名女性顺利毕业，其中两位就是她们姐妹。

中学毕业时，内蒂的心里已经种下了要成为一名科学家的种子。无奈的是，父亲的收入已经不足以支撑她继续深造。于是内蒂进入当地的高中担任教师，一边工作一边攒钱。担任教师期间，内蒂展现出了非凡的才能，她同时教授动物学、生理学、数学、英语与拉丁语5个科目，是真正的文理全才。三年后，攒够钱的内蒂终于如愿以偿地进入了大学。出于对知识的渴求，她用两年的时间完成了原本需要四年完成的学业，并以全班第一的成绩从学校毕业。

内蒂并不满足，她又开始为下一步的学习做准备，为了筹集学费，她再一次在学校任教。一晃好几年过去了，内蒂35岁了，这一年，她终于攒够资金，踏进了斯坦福大学的校门。

在斯坦福大学的每一刻，内蒂都在提醒自己，保持好奇，保持探索精神，经过四年的苦读，她获得了生物学硕士学位。一位女子，能读这么多书，已经是奇迹。但此时的她并没有停下脚步，而是以39岁的"高龄"入读美国著名的女子学院——布林莫尔学院，攻读细胞生物学博士学位。在内蒂的心里，她认为此时才开始了真正的

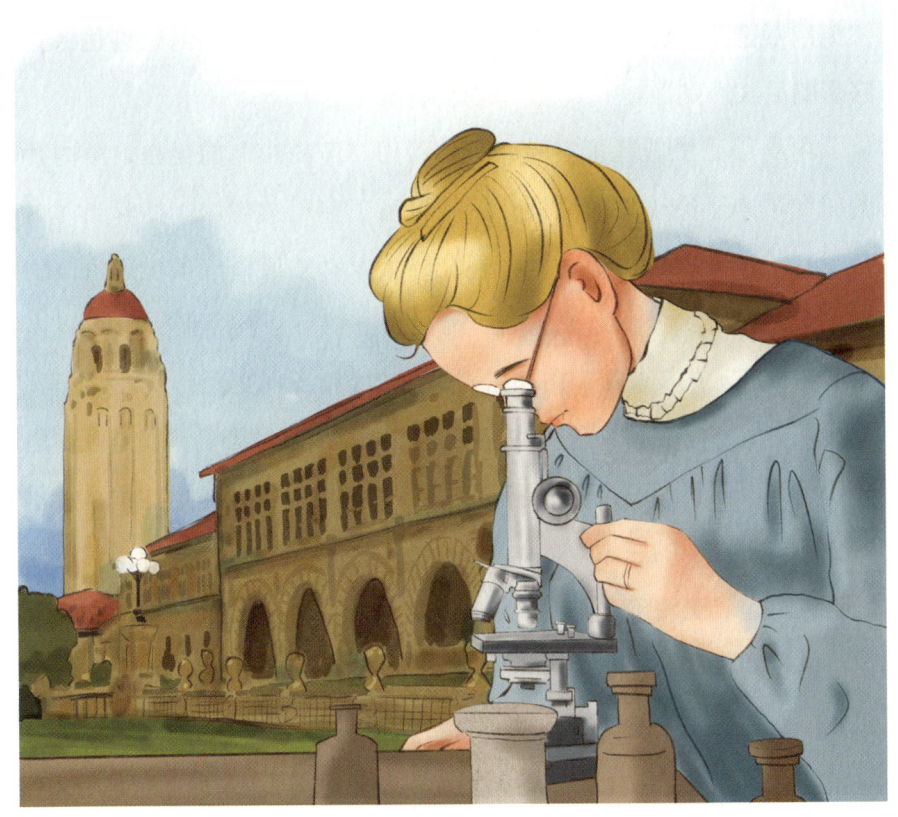

科研生涯。

布林莫尔学院可谓是卧虎藏龙，很多现代生物学理论的权威都在这里任教，学术氛围非常浓厚。思维的火花一触即发，大器晚成的内蒂表现出了惊人的科研能力，迅速在学术舞台上崭露头角，短短的三四年间，她便发表了9篇学术论文，获得当时极富盛名的布林莫尔校长奖学金在内的多个奖项。

毕业之后，内蒂继续从事遗传学相关的研究，彼时这个领域的权威正是内蒂的导师摩尔根和威尔逊，他们发现在生物的细胞内，存在着一种名为"染色体"的物质，承担着传递遗传物质的功能。但这两位前辈并不认为生物的性别是由染色体决定的。

内蒂在深入研究遗传理论体系后，提出了一种在当时看来属于"离经叛道"的想法，那就是"生物体内存在着一些附属染色体能够影响后代性别"。

内蒂用昆虫做起了实验，一种名为"黄粉虫"的昆虫，给内蒂的研究带来了突破性的进展，让她论证了自己的想法。尽管当时内蒂没有给这条染色体命名，但现在，大家都知道，这条小染色体就是Y染色体。

在威尔逊的支持下，内蒂的相关论文《精子发生研究》得以发表，论文中正式宣布了性染色体的存在，并公开认定性染色体就是性别的决定因素。但人们不大相信这位女博士的研究成果，却更加关注威尔逊几乎同时发现的在性染色体上的相似研究成果，即便当时威尔逊的结论并没有真正明确Y染色体的作用。最终，威尔逊凭着性别优势和自身的权威性，获得了性染色体发现者的荣誉。直到后来越来越多的染色体研究成果不断发表，人们才逐渐认识到，内蒂的观点更加准确。

内蒂却并没有为这份荣誉的归属而改变自己成为一个科学家的

初心，她始终如一地从事着自己热爱的，并且愿意为之奉献一生的遗传研究事业。她终身未婚，将自己的时间和生活全都用来做研究，去世的时候，年仅50岁。

> 那些女孩教我的事：
> 无惧歧视，敢于坚持，逆风的方向更适合飞翔。

玛利亚·蒙台梭利：教育和世界和平的伟大象征

医生、教育家

（1870年8月31日—1952年5月6日）

"我一生都在追求真理中度过。通过对儿童的研究,我已经从源头上深入了解了人性,不管是东方的还是西方的,尽管已经工作40年了,儿童对我来说,仍然是不竭的希望之源。儿童已经向我证明,全人类是一个整体。"

在你的孩童时期,你思考过你和父母的关系吗?孩子能拥有自己的想法吗?成年人在孩子的成长过程中应该扮演什么样的角色?这些问题在教育史上一位杰出的幼儿教育思想家和改革家、意大利历史上第一位学医的女性和第一位医学女博士——玛利亚·蒙台梭利,在1936年出版的《童年的秘密》一书中可以找到答案,这本书让人们重新认识了儿童的内心世界。

出版这本书时,玛利亚66岁,已经在儿童教育事业上耕耘了

40年，距她37岁投身于"儿童之家"的教育实践，也有了近30年的光景。可以说，她的一生都在寻找教育真理的道路上不断探索。

玛利亚是家中的独女，父亲是一位严谨的意大利军人，母亲是一位聪慧、崇尚自由的女性，早早便给女儿树立了女性能创造自己的人生道路的信念。学生时代的玛利亚自律、自信、独立，在20岁时，便为自己选择了罗马大学医学院。没想到，一向疼爱她的父亲此时却提出了反对意见，在父亲的眼里，女性上大学已经很罕见，在选科时选择英语或者历史，毕业后成为一名老师，生活安稳足矣，为什么要去选择医学，压力大且承担的风险也多。

父亲的态度给了玛利亚不少压力，她决定和父亲深谈一次，她向父亲诉说了自己的理想和抱负，希望能在医学上找到自己的人生价值。最终，父亲被女儿成功说服，并且承担起了护送女儿上学的职责，因为在当时，女子单独出门，是会遭到非议的。

入学以后，玛利亚是班里唯一的女生，在课堂上，只有当所有男同学落座后，她才被允许进入教室。每当这时候，玛利亚总是不卑不亢，最后一个走进教室，坐在角落里。男生们认为她是一个异类，他们要么霸占课堂里的座位，要么弄坏她的椅子。教授们也认为，女性的大脑比男性的小，更适合待在家里。面对这些奚落和嘲讽，玛利亚毫不在意，她坚定地认为只有自己才能主宰自己的命运。

1896年，玛利亚以优异的成绩从医学院毕业，成为意大利历史上第一位医学女博士，父亲也欣慰地看到，自己的女儿走出了一条非凡的道路。

毕业后，玛丽亚在罗马大学的精神科门诊工作。因为工作需要，她常常要去探访当地的精神病院。在这里，她遇到了很多孩子，这些孩子都有严重的学习困难，被称为"呆傻者"，没有人照顾，没有人关注，如同草芥一般。玛利亚深为震惊，她觉得自己应该去做点什么，"这些不幸的生命有必要回归人类社会，在文明的世界找到自己的位置，赋予他们独立、赋予他们人类的尊严"。

1901年，玛利亚30岁的时候，她做了一个意义深远的决定：要将自己全部的注意力转移到意大利孩子的教育上。这个决定打破了玛利亚之前的职业规划，不过她依然坚定心中所想，一步一步地去实现自己的主张。

为了丰富学识，玛利亚利用空闲时间进修哲学、教育人类学和心理学，用知识武装自己。五年后，玛利亚得到了一个将理论付诸实践的机会。

此时，在罗马的贫民窟，正在进行一项帮助穷人翻修房屋的社会项目。可一些不到入学年龄的孩子，总是把破坏房屋当作游戏，实在让人头疼。玛利亚接受了看管孩子的任务，她为孩子们打造了一个被她称为"儿童之家"的地方。在"儿童之家"里，玛利亚惊喜地发现：孩子们会全身心地投入工作；孩子们对秩序有着一种与生俱来的喜爱；孩子们会关心环境、关心集体；孩子们有自尊意识。更神奇的是，孩子们可以自己学会阅读和写作，而这一切的前提，只是因为她为孩子们创造了一种新的环境：给予适合他们大小的桌椅，给予适合他们工作的道具，给予他们爱、尊重和自由。

"儿童之家"的探索收到了非常好的效果，引起了各界人士的关注。1910年，玛利亚将多年的心得写成一本书——《蒙台梭利教学法》，并且开设了培训中心，培训老师，成立学校。

随着蒙台梭利教学法的日益火爆，全世界范围内掀起了一股学习热潮，一场教育学的革新开始了。紧接着，一战爆发了，尽管战事连连，玛利亚却并没有停止奔波的脚步，她期待能将新教育的种子播撒到更多的地方。

不畏战争，不惧打压，玛利亚一次次在坚持自我的道路上行走着，直到二战结束，她才得以返回欧洲，此时的她已经是75岁的高龄。不悔来时，不忘初心，玛利亚依然是如此的坚定，她再次将全部的精力投入到欧洲蒙氏学校的创建工作中去。她的行动，她的话语，感动着一大批教育工作者，蒙氏学校再一次兴盛起来。

1952年，81岁的蒙台梭利在荷兰与世长辞，并在那里安葬。

从医学女博士到创立"儿童之家"，玛利亚始终坚持心中所想，在为人类创造爱的事业中奔走着，她的教育理念让许多孩子培养了能力、发展了天赋；她用生命、光明、爱与馈赠，改变了这个世界看待孩子的方式。

那些女孩教我的事：

无论选择哪一条路，都是荆棘和鲜花同在。
相信在路的尽头，总有梦想挥手相迎的样子。

西蒙·德·波伏娃：女性的灯塔

哲学家

（1908年1月9日—1986年4月14日）

"我绝不让我的生命屈从于他人的意志。"

西蒙·德·波伏娃，法国存在主义作家、哲学家，被誉为"20世纪最重要的女性之一"。在她的著作中，我们可以发现很多关键词的经典语录，比如"爱"，她说"爱是一种决心，不是一种情感"；比如"自由"，她说"自由不是可以选择的东西，自由就是选择"；比如"人生"，她说"人生的意义在于不断发现自己"；比如"孤独"，她说"始终要保留一定范围的自由和孤独，无论是做梦、阅读、听音乐、思考，还是做任何事情"。从这些文字上不难看出，一个独立、自由、主宰自己命运的女性，正在向世人展示其独特的魅力。

1908年，波伏娃出身于法国巴黎的一个富裕家庭，父母很重视对她的教育，这使得波伏娃在中学时期便以优异的成绩顺利毕业。对于上大学，她有自己的想法，尽管女性在当时的社会地位很低，很多大学都不收女学生，但波伏娃依旧遵照自己的意愿选择了哲学系。

进入大学后，波伏娃告诉自己，不能虚度光阴，她制订学习计划，用两年的时间拿到了六个资格证；她大量阅读哲学和文学书籍，有了要成为一个作家的梦想；她准备参加法国哲学教师资格考试，尽管那时只有六位女性通过了这个考试。她知道自己选择了一条少有女性走过的路，不过，人生不就是这样，她希望能主宰自己的命运。"我就是风景和目光；我只通过自己存在，也只为自己而存在。""我绝不让我的生命屈从于他人的意志。"19岁的波伏娃在日记中写下了这样的话。

经过刻苦的学习和不懈的努力，21岁的波伏娃通过了法国哲学教师资格考试，成为了一名教师，她很喜欢这个职业，她曾说："当时我幸福得都眩晕了，在我看来，我没有默默承受自己的命运，而是选择了自己想走的路。"

波伏娃是个有魅力的老师，她的身材很好，总是穿着最新潮的服饰去上课，和学生像朋友一般相处。她的行为，在当时的学生家长看来，有些不符合常规，于是经常受到投诉。两年后，波伏娃被吊销了教师资格证，这让她的人生陷入了低谷。她的很多想法开始有了变化，她在文章中发问：对于社会来说，谁是有用的，谁是无用的？谁又有决定有用和无用的权力？尽管在她37岁的时候，政府恢复了她的教师资格证，她却没有再回去教书，而是开始专职写作。

对于写作，波伏娃总是充满了无限的热情，在朋友眼里，她就像"冰箱里的计时器"，一到时间就要工作；她自己也说："我总是迫不及待想要开始工作。每天上午十点开始工作到下午一点，然后见见朋友，下午五点再开始工作到晚上九点。"1940年，波伏娃完成第一本小说《女宾》；1941年，她开始写小说《他人的血》。这两部小说出版后，波伏娃声名大噪。二战期间，出于对政治的关心，波伏娃写了一些哲学散文，此时，她的哲学主张已经初显，对于"存在主义"有了自己的见解。

1947年，波伏娃有了一次美国之行，这次美国之行让波伏娃看到严重的种族歧视及其争论，这让她对"女性主义"有了思考，她开始从自己作为女性的个人经历中跳出来，想要讲述"女性"群体的境况。这一年，她开始筹划《第二性》的写作。

1949年6月，《第二性》的第一卷出版，第一周就卖出了2.2万本，它让女性看到了女人们应该获得的权利，让男性看到了女人并不是

男人的附属品。当然，这本书也受到了很多人的抨击。同年11月，第二卷出版，更是将波伏娃的女权主义言论体现得淋漓尽致。她认为女性处于一个被动的地位，需要通过反抗和自我实现来摆脱这种被动状态。她主张消除性别歧视，建立一个平等和自由的社会。这些思想，在当时的法国，掀起了惊天巨浪，评论家们的抨击力度更是达到峰值，用波伏娃的话来说"简直是骇人听闻"。不过令人佩服的是，波伏娃始终不曾屈服，她像一位斗士一样，面对着不公，越战越勇。

　　反对的声浪过后，女性的新世界被打开了，《第二性》被誉为"有史以来讨论女性的最健全、最理智、最充满智慧的一本书"，甚至被尊为西方妇女的"圣经"。波伏娃由此被称为第二波女性主义运动的"精神母亲"。

　　1986年4月14日，78岁的波伏娃走到了人生的尽头。她的一生，于她而言，是从不曾虚度的，她爱着自己，坚定地做着自己，她可以毫不迟疑地在回忆录中写下："回望我这一生，还没有哪一个人值得我羡慕。"

那些女孩教我的事：
首先，你得先是你，才能成为其他。

法拉奇：世界第一女记者

记者

（1929年6月29日—2006年9月24日）

"如果有一天，有人会记录我的人生故事，那个人只能是我自己，不会是别人。我生来就不甘平静，注定不会过按部就班的生活。我天性自由，不愿被任何人支配、窥视，也不允许任何人成为我的牢笼……我不是驯养的动物，不可能被锁在一个被称为'家'的小小世界中。我不想做'妻子'，我要写作、旅行、去了解整个世界，要充分使用我的一生。"

1922年，墨索里尼担任意大利总理，随后在意大利建立法西斯专政，此后的21年里，意大利陷入暗无天日的法西斯独裁统治之中。1929年6月29日，一个名叫法拉奇的小女孩出生在意大利的名城佛罗伦萨。她的父亲是一位木匠，同时也是一位反法西斯战士，母亲虽然是一位家庭妇女，但同样充满了斗争精神，在这样的家庭里长大，法拉奇从小便勇敢、坚毅、热爱自由。

作为长女，父亲像对待男孩那样要求法拉奇，教会了她打猎和射击，以应对随时可能发生的战争。从10岁起，法拉奇就加入了父亲所在的反法西斯组织，成为一名小通信员。

作为一名通信员该有的机敏、沉稳、严谨，在法拉奇的身上，无不放射着光芒。起初，法拉奇只是承担放哨、传递情报的工作，后来因为她的出色表现，开始作为组织的一份子进行战斗。当她紧握着手榴弹，躲在阴暗的角落里，等待冲锋号响起时，她的心情是紧张而又激动的，想起父亲曾经对她说的，要打倒独裁，要为自由而战！她便充满了斗志，觉得自己要像个英雄一样去抗争。

14岁的时候，法拉奇与死神擦肩而过，那是一次空袭，法拉奇一家躲进了一个教堂，飞机在上空轰鸣，炸弹在身边爆炸，逃亡的人非死即伤，法拉奇非常害怕，虽然她经常面对枪林弹雨，可当灾祸来到眼前，还是让人不寒而栗。此时，无人安慰她，只有恐惧一阵阵地袭来，法拉奇再也忍不住了，她放声大哭，渴望以此来放松自己紧张的情绪。没想到，父亲转身在她脸上扇了一记响亮的巴掌，紧接着便是暴风骤雨般的训斥：女孩子不要哭，也不许哭！这一记耳光在法拉奇的心底烙上了烙印，她的骨子里有了勇敢的血液。

二战结束后，法拉奇回到学校，开始了自己的求学生涯。父亲得空时会带法拉奇去教堂，祷告结束后，会和女儿闲聊这个世界现在正在发生着什么，那些遥远的国家和人物虽然离法拉奇好远好远，但她希望自己以后能去探究一番，能用文字写下自己的见闻。于是，当她高中毕业时，她脱口说出了自己的职业梦想：成为一名作家。

在伯父的帮助下，17岁的法拉奇进入报社实习，她长期的战斗经历让她具备了敏锐的观察力，从写下第一篇新闻开始，她就给自己定下了必须如实报道的规矩。凭着过硬的业务能力，法拉奇很快成了一名正式记者，并慢慢在新闻界崭露头角。之后，著名杂志《欧洲人》的主编邀请她去罗马工作，负责人物访谈的工作，这也让法拉奇的职业生涯开启了新的大门。

在广阔的平台上，法拉奇的才华和能力得到了尽情的释放，她一次一次寻求真相，一次一次揭穿人物的真实面目，业内人士对她赞不绝口。可此时，面对一片大好的前程，法拉奇却做出了一个令人难以理解的决定，她要到战场上去，她要去做战地记者。

新的挑战开始了，1967年，法拉奇来到越南，开始了长达8年的战地记者生涯。炮火连天、硝烟弥漫的战场，让法拉奇仿佛又回到了少年时代，她并不畏惧战场，她骨子里勇敢的血液支持着她背着背包，穿梭在战壕里，她整日忙着采访和记录，她的背包上写着一句话：如果她阵亡，请将她的遗体交给意大利使馆。

完成战地记者的任务之后，法拉奇又将目光转向了对各国领导人的政治采访，这片领域对她而言又是新的战场。凭借超乎常人的洞察力和对新闻的狂热，法拉奇几乎采访了当时世界上所有的重要领袖。在采访中，法拉奇始终将自己视为舞台中心的主角，在她看来：记者也是一名演员，一名中心者，只有把自己放入报道中时，报道才是好的。于是，她坚持使用第一人称，从自己的视角来陈述所见所闻所想。她的采访风格独特、尖锐、犀利，凭借这些特点，法拉奇一步步走上了世界第一女记者的王座。

晚年的法拉奇不幸患上了癌症，她的勇敢和不妥协在面对疾病时也毫不逊色，手术后她又生活了13年，2006年9月14日因乳腺癌恶化与世长辞，比医生预计的生存时间整整多了10年。

传奇的人生终于谢幕，法拉奇的一生，就像她说的："我从来不追求成功，是成功紧跟着我。"

那些女孩教我的事：

只有不断寻找机会的人，才能及时把握机会，越努力，越幸运。

玛格丽特·希尔达·撒切尔：
叱咤政坛的铁娘子

政治家
（1925年10月13日—2013年4月8日）

"哪里有混乱，我们就带去和谐；哪里有错误，我们就带去真实；哪里有怀疑，我们就带去信任；哪里有沮丧，我们就带来希望。"

  20世纪30年代，在英国肯特郡一个偏远的小镇上，有一家杂货店，杂货店的老板是一个做事严谨的中年男人，他的妻子是为别人做衣服的裁缝，他们有两个女儿，小女儿名叫玛格丽特。父亲的家教很严格，要求女儿们帮助家里做一些力所能及的事情，而且绝对不允许说"太难了"或者"我做不到"之类的话。玛格丽特就经常帮着父亲把整箱的茶叶、糖进行分装，或者代替姐姐在杂货店站柜台。她从未为此感到过厌烦，反而会觉得很有趣。父亲热衷于政治，他认为这是强者的游戏，并且将这种观点也灌输给了女儿：要做一个强者，什么事情都要勇争第一，即使是坐公共汽车，也要永远坐在第一排。等到玛格丽特再大一点后，父亲便从图书馆给女儿借来三类书籍：人物传记、历史和政治书籍，培养她成为一个内心坚韧，拥有独立人格的人。

  玛格丽特的家庭并不富裕，但父亲非常重视她的教育，早早就把她送进了学校。进入学校之后，玛格丽特惊讶地发现同学们的生活比自己丰富多了，周末的时候，他们可以在街上玩耍，可以去郊游，而自己只能在家看书，或者跟随父亲去教堂听牧师布道。于是，她大着胆子对父亲请求道："爸爸，我也想和同学们一起去玩。"父亲脸色一沉，说："你要有自己的主见，不能因为你的同学们在做某件事情，你也要去做。"看到玛格丽特低下了头，父亲接着说道："我不是打击你的积极性，是想让你拥有自己的判断力，有自己的

思想，作为一个学生，学习是你的本分，如果沉迷于游戏和享乐，将会一事无成。"听完父亲的话，玛格丽特想想平时看人物传记时，记录下的一些体会和心得，意识到父亲说的话是在鞭策她。"是啊，我为什么要学别人呢，我还有很多自己的事要做。"于是，她返回房间，拿起自己的书。

　　父亲的教育看来似乎有些"残酷"，但正是这种"残酷"让玛格丽特拥有了高度的自律、独立的个性，并培养了她积极向上的精神。

凭着优异的成绩，玛格丽特一路披荆斩棘考入了英国最负盛名的牛津大学，成了一名化学专业的学生。在学业上，玛格丽特向来出类拔萃，上大学的时候，她第一次接触到拉丁文，课程很难也很枯燥，学校因此规定在五年内学完即可，玛格丽特却凭着超强的毅力，硬是在一年内完成了学业，而且成绩还名列前茅；在体育、音乐、演讲等方面，她也特别出色，是学生中的佼佼者。校长接受采访时，总是这样评价她："毫不夸张地说，她是我们建校以来最优秀的学生，她朝气蓬勃、斗志昂扬，每件事情都做得很出色。"

大二的时候，玛格丽特的名字已经响彻牛津大学，凭借她的积极、干练、不断进取的精神，玛格丽特当选为牛津大学保守党协会主席，这为她日后的政治生涯奠定了基础。大学毕业后，玛格丽特从事了一段时间化学方面的工作，但她对化学的热情远没有对政治的高。她利用业余时间学习法律，周末乘车去伦敦或别的城市参加保守党的会议、辩论等活动，并把工作挣来的钱都用作了参加政治活动的经费。

在1950年和1951年的选举中，玛格丽特作为保守党女性候选人参选，尽管未能成功，但她结识了自己的丈夫，收获了美满的爱情，成为撒切尔夫人。在家庭和政治之间，撒切尔依旧选择了政治，她每天忙于积累信息、收集数据，马不停蹄地四处演讲，早上7点起床，忙到次日凌晨两三点才就寝，终于在1959年当选为英国下议院议员。

经过20多年的政坛浮沉，1979年5月3日，保守党大选获胜，55岁的撒切尔出任首相，成为英国历史上第一位女首相。1983年6月和1987年6月撒切尔完成连任。在长达11年的执政生涯里，撒切尔对英国的政治、经济、外交和教育都做出了积极改革。凭借超人的胆识、卓越的领导能力、坚毅的品质和无畏的精神，她赢得了英国民众的支持。

　　撒切尔和丈夫丹尼斯感情很好，正是因为丈夫作为坚强的后盾，撒切尔才得以全身心地投入到事业中。2001年，撒切尔和丈夫过完50年的金婚假期后，身体开始出现问题，最后几年的时光，她几乎是在医院的病床上度过的。2013年4月8日，撒切尔夫人离开了人世，享年87岁。举行葬礼时，伦敦一些政府机构大楼降半旗为她默哀，英国标志性建筑"大本钟"则以"静音"形式表示哀悼。灵柩上摆放的卡片上写着："亲爱的妈妈，你永远在我们心中。"

那些女孩教我的事：
半山腰总是拥挤的，得到山顶去看看。

可可·香奈儿：从贫困孤儿到时尚巨星

时尚女王
（1883年8月19日—1971年1月10日）

"我不是一个女英雄，但是我选择了我想成为的样子。"

在时尚界和奢侈品的舞台上，由两个大写字母"C"背对背交叠而成的Logo始终闪耀着璀璨的光芒，这个标志的设计灵感来自于品牌创始人可可·香奈儿（Coco Chanel）的名字，至今已有百年历史。除去名字本身的含义，香奈儿更是传达出追求自由、独树一帜的风格，在人们心里，它不仅是优雅的品牌，而且是一种自信、独立、现代的新女性的标志。

1883年8月19日，香奈儿出身于法国一个贫困家庭，原名叫加布里埃·香奈儿，是家里的第二个孩子，6岁的时候，母亲去世了，父亲将她送进了孤儿院。在那里，她体会了生活的艰辛，于困境中学会了独立和坚强，更是学会了裁缝的手艺，有了一技之长。18岁的时候，她离开孤儿院，来到巴黎谋生。22岁时，她来到咖啡厅做歌手，并给自己起了个艺名叫"Coco"。

做歌手的收入让香奈儿过上了比较体面的生活，但她并不满足于现状，凭借自己的裁缝手艺和对时尚的敏感，开始为剧院和酒吧设计表演服装。这些经历虽然只是香奈儿业余工作中很小的一部分，却为她日后的时尚事业积累了很多宝贵的经验。

1910年，香奈儿迈出了时尚事业的第一步，她开了一家小型帽子店。为什么要开帽子店呢？因为香奈儿发现，帽子作为法国人的一大配饰，几乎人手一顶，但人们热衷于复杂的款式，比如喜欢在帽子上插满各色羽毛，千篇一律，体现不出个人的魅力。香奈儿做了一些设想，她想让帽子的设计变得简洁、时髦一些，于是她拿起针线，缝制出了一顶自己内心想要的帽子。没想到，这款帽子的设计很快获得了女士们的青睐，帽子店的生意节节攀升，接着她陆续开了好几家分店。

在香奈儿生活的年代，法国传统女性服装设计保守，配饰繁杂，香奈儿便又将目光投向了服装行业。"我要将女人从这些累赘的服饰中解放出来。"这是香奈儿进行服装设计的理念，她一向提倡舒适和自由。

有一次，在练习骑马的时候，香奈儿为自己量身定做了一条骑

马裤,这条裤子非常方便,她不禁受到启发:女性为什么不能多穿穿裤装,为什么不去男性服饰里找找感觉?于是,她找出很多男性服饰的面料、款式,经过多次对比,设计出了条纹针织衫、海魂衫、宽大的休闲裤等潇洒利落的一系列偏男性化的服装。这些服装款式简洁大方,面料轻柔舒适,既能让女性活动自如,又不失妩媚。但当时的欧洲,女性穿裤子被认为不遵循常规,有伤社会风化。于是香奈儿当起了自己的模特,她剪了一个利落的短发,穿着自己设计的海魂衫和休闲裤,行走在巴黎最繁华的街头。男人们对她指指点点,女人们却被她的行为震撼了,也被她的这些服装吸引了。没多久,海魂衫和休闲裤便在巴黎流行起来,最后风靡整个欧洲。

1914年,香奈儿开设了两家时装店,影响后世深远的时装品牌"Chanel"宣告正式诞生。她始终坚持着自己的审美,在服饰上不断创新,旁人眼里的"叛逆"成了她身上的一大标志。

这一次,香奈儿将"叛逆"的眼光投到了香水界。香水是女性重要的化妆品之一,当时的法国盛行玫瑰、茉莉或者丁香等单一花香调香水,香奈儿却希望创造出"闻起来像女人,而不是一朵花"的复合型香水。她开始大胆创新,邀请当时巴黎最著名的调香师,融合80多种成分的香型,不断试验,不断调制。1921年,香奈儿从样本中最终选定了第5号样品。另外,香奈儿一直觉得5是自己的幸运数字,于是她将这款香水命名为Chanel No.5。就这样,世界上第一款人工合成的香水诞生了,其独特的香味,十分符合正在兴起的女性特立独行的潮流,也表达了香奈儿想借这款香水传达出的女性的标签:自由、独立、优雅、迷人。

由于二战的原因,香奈儿在瑞士待了15年,她深居简出,暂时停止了自己的时尚事业。1954年,71岁的她重返法国,宣布复出,复出后的她，设计出了短厚呢子大衣、花呢子套装、喇叭裤等，和40多年前一样，这些服装一经推出，就受到了女士们的喜爱和追捧。

香奈儿一生未婚，被称为"香奈儿小姐"，她的一生是灿烂的也是孤独的。晚年的她独自居住在巴黎酒店的高级套房里，1971年1月10日，香奈儿因心脏病突发去世，去世后被安葬于瑞士洛桑，一代时尚女王谢幕。

那些女孩教我的事：
即使生来没有羽翼，也不能阻止你展翅高飞。

弗里达·卡罗：墨西哥玫瑰

画家
（1907年7月6日—1954年7月13日）

"我知道内在的痛苦会投射在我的眼睛里。从那时起，我开始直视镜头，不眨眼，不微笑。我下定决心要证明自己是一名勇士，直到生命的最后。"

在法国巴黎市中心的塞纳河北岸，坐落着世界四大博物馆之首、举世瞩目的万宝之宫——卢浮宫。卢浮宫中收藏着来自世界各国的艺术珍品，是世界各地艺术家的聚集地。1939年，一位女画家的自画像被卢浮宫收藏，这是历史上第一幅进入卢浮宫的墨西哥画家的作品。这位女画家一生创作了150余幅作品，其中有55幅是自画像。这些面对着镜子画出来的自画像中：两条几乎连成一线的浓眉，嘴唇上若隐若现的胡须，坚定、无畏的目光，无不体现着她独特的魅力。为什么自画像占到了所有作品的三分之一，她解释道：因为我人生中躺着的时间太多，看不到外面的世界，只能从镜子中看到自己的脸。

这位女画家名叫弗里达·卡罗，她的父亲是一位有着犹太血统的德国人，凭借着精湛的摄影技术让一家人在墨西哥过上了不错的生活，她的母亲是一位虔诚的天主教徒，温柔、有耐心。她是家里的第三个女儿。

小时候的弗里达精力充沛，每天和男孩子们泥里来，水里去，是孩子堆里的假小子；每天都给母亲制造些小麻烦，是母亲眼里的调皮鬼；每天缠着父亲有问不完的问题，是父亲最宠爱的孩子。父亲很喜欢女儿的思维敏捷和热情探索，他总是耐心地回答着女儿提出的问题，并鼓励她从书中去寻找答案。

但上天并没有过多地眷顾弗里达，6岁的时候，弗里达患上了小儿麻痹症，尽管求医及时，保住了性命，但她的右腿却比左腿短了一截。为了不被人称为瘸子，她努力让自己看起来与常人无异，付出比常人更多的努力去学习游泳、足球、拳击、自行车。15岁的时候，她已经出落成一个美丽的少女，长裙遮住了她短小的右腿，走路竟也看不出异常。

弗里达成绩优秀，她的梦想是成为一名医生，就在她对未来的生活充满无限憧憬之时，命运却再次给她迎头一击。18岁的时候，她遭遇了严重车祸，脊椎三处断裂。当她从病床上醒来，发现自己全身都被石膏包裹住了，悲伤和恐惧让她坠入了无底深渊。之后的一整年，弗里达都在不断接受手术治疗，许多人对她的状况并不看好，认为她也许在某次治疗过程中便再也不会醒过来。

为了转移自己的不安情绪和身体上的痛苦，弗里达向父亲要来画笔和颜料，先是在纸上作画，后来她又发现，自己的石膏身体是一张很好的"画布"，于是她放飞自我，将自己身上的石膏涂成五颜六色。画技虽然稚嫩，可从中获得的快乐一次又一次安慰了她受伤的心灵。父亲也惊喜地发现了女儿对色彩的敏感，鼓励她与绘画为伴。弗里达萌生出画自画像的想法后，母亲便拿来一面大镜子，放在她的面前。1926年，在治病过程中，弗里达画出了第一张自画像——《穿天鹅绒衣服的自画像》，从此她便习惯了用绘画来记录自己的生活与情感。

经过大大小小多次手术之

后，弗里达奇迹般地恢复了行走能力，但家里也因为她的治疗，生活拮据，无法支撑她想要成为一个医生的梦想。梦想的破灭对于弗里达而言，是精神层面的巨大打击，她看着镜子中残弱的身体，痛苦在内心弥漫开来，可同时她又深切地意识到，自己不能一蹶不振，于是，她将全部的精力投入到绘画中去。

有阳光的日子似乎越来越多，可身体上的疼痛无时无刻不在提醒着弗里达，1944年，她的健康再次跌入冰点，医生用上了钢制的矫正衣来替代她无力的脊椎。1950年，她接受了6次脊柱手术，终日只能躺在病床上。

尽管躺在病床上，弗里达依然微笑面对，她让人送来化妆品和各种各样的墨西哥传统头饰，每天精心打扮自己，让自己看起来不那么糟糕。

不幸还是来临了，1953年8月，弗里达的腿感染了坏疽，她不得不接受了截肢手术，也许她预感到自己已经来到了生命的最后一个阶段，她画了一幅西瓜的静物画，画中的西瓜有很多意义，那是墨西哥艺术中常用的题材，也是墨西哥传统中死亡日的一个象征符号。这幅画画完后，弗里达在这幅画上写下了"生命万岁"。8天后，她离开了这个世界，却为这个世界留下了150余幅艺术珍品以及永远不向命运屈服的精神。

那些女孩教我的事：

世界以痛吻我，我要报之以歌。

奥黛丽·赫本：落入凡间的精灵

演员

（1929年5月4日—1993年1月20日）

"我的人生比童话故事还精彩，我也曾遇到困难，但隧道的尽头总有一盏灯。"

"要么在读书，要么在旅行，灵魂和身体，总有一个在路上才好。""请抬起你的头，我的公主，不然皇冠会掉下来的。""嗯，人生不会尽如人意，不是吗？"这些打动人心的台词出自1953年美国经典黑白电影《罗马假日》，影片讲述了出逃的安妮公主与报社记者乔在充满浪漫气息的罗马，短暂的相遇相知相爱的故事。安妮公主的扮演者奥黛丽·赫本凭借这部电影获得了第26届奥斯卡金像奖最佳女主角奖。

在奥黛丽·赫本的身上，集合了一切美好的形容词，其独特的"赫本头"，一袭黑色晚礼服、手握长烟的形象成为她的个人标签。人们称呼她为"人间天使"，并不仅仅因为她有被上帝吻过的容貌，还因为她在生命的最后几年，行走在苦难的儿童中间，为改变孩子们的生存现状竭尽全力呐喊、呼吁和募捐，成了真正的天使。

天使在人间，并不是一切都完美。赫本的童年充斥着战乱和流离，尽管出身贵族，可6岁的时候，父亲毫无征兆地离开家，再也没有回来，这对她来说，是"一生中最大的创伤"。1939年，二战全面爆发，10岁的赫本和两个哥哥跟随着母亲搬到了荷兰的阿纳姆，这里曾是母亲的家。本以为找到了避难所，可几天之后，荷兰便沦陷了。母亲家族数十年积累的财富，一夜之间化为乌有，两位哥哥失踪了，舅舅和舅妈也在战争中惨死。恐惧、饥饿、疾病、寒冷一并袭来，唯一能抚慰她的，只有她深深热爱着的芭蕾舞。赫本时常在深夜里抱着自己的舞鞋，幻想自己站在舞台上的样子，任何时候，都不能放弃希望，这是她给自己的叮嘱。

战争结束后，两位哥哥回到家中，一家人终于团圆。赫本满怀欣喜地准备重返舞台，拾起做芭蕾舞演员的旧梦，却被告知，由于身体在战争中受到损伤，年龄与舞台经验不匹配等原因，她无法成为首席舞蹈演员。

生命中的光似乎熄灭了，赫本大病了一场，但她很快便明白过来，她还年轻，一切才刚刚开始。

在朋友的介绍下，赫本当过模特，拍过广告，在一些舞团演出

中出演过一些小角色，她努力丰富着自己的生活和阅历。1952年，她被推荐去《罗马假日》试镜，这一年她23岁，没想到，导演当场将她定下来，她成了女主角。第二年，影片上映时，一票难求，赫本成了风头最盛的明星。

如果说，这样的成功有偶然的机会，可接下来，赫本的努力有目共睹，她深知自己不是科班出身，演技需要提升，因此，在拍电影期间，她从不出去玩，待在片场反复揣摩人物角色，反复练习台词，事业上的努力和勤奋，成就了她光彩夺目的银幕形象，使她成为好莱坞黄金时代的代表性女星之一。

童年的赫本经历过战争的残酷，忍受过饥饿和困苦，因此她非常热衷于慈善事业，尤其是关注世界各地贫民窟的儿童生活。1988年，赫本彻底息影，担任了联合国儿童基金会的亲善大使，近60岁的她，来到了非洲的埃塞俄比亚。那里不仅是全世界最贫穷的地方，还是痢疾、肝炎、伤寒、疟疾、狂犬病肆虐的高风险地带。

赫本一身素衣地来到孩子们面前，如此近距离的接触，让她亲眼见证了孩子们非人般的处境，她的眼睛里含着泪水，拍拍小男孩的头，牵牵小女孩的手，像一位母亲一样给予他们温暖。埃塞俄比亚之行结束后，赫本带着所有的影像资料，奔波于募捐会、记者招待会，呼吁更多有能力的人士对贫儿进行救助。可赫本的慈善之路走得并不轻松，有人质疑她，有人嘲笑她，赫本只是淡淡的一句："你觉得奥黛丽·赫本需要炒作吗？"当然不需要。她只是想做一些有意义的事情。

在1989至1992年间，赫本的足迹遍布苏丹、孟加拉国、肯尼亚、泰国、越南等14个国家。1992年，从索马里灾区回来后，赫本的健康出了问题，被诊断出癌症，生命只剩下不到3个月。在最后的日子里,她回到了瑞士的家,在这里度过了生命中最后一个圣诞节。

1993年1月20日,赫本在睡梦中离世,告别了这个她深深爱着的世界。"这个世界,我来过,我爱过,如今离开,无怨无悔。"

那些女孩教我的事:

一个人只有很努力,才能够看起来毫不费力。

玛格丽特·汉密尔顿：低调的月球征服者

航天计算机科学家

（1936年8月17日— ）

"回想起来，我们是世界上最幸运的人；别无选择，只能成为先驱。"

在美国国家航空航天局的内部，曾有这样一张照片为人们津津乐道：一位打扮入时，带着甜甜微笑的年轻女性站在一堆文件旁边，这些文件摞到了她的头顶。照片拍摄于1969年，这一年7月21日，美国"阿波罗"11号载人飞船，第一次把人类送上月球，宇航员阿姆斯特朗身穿白色宇航服走下飞船登月舱，迈出了"人类的一大步"。每个人都看到了阿姆斯特朗在月球上的第一步。然而，不是每个人都知道这背后，有这么一位女程序员也为女性的荣耀迈出了一大步。这位女程序员正是这张照片的主角，玛格丽特·汉密尔顿。

1936年8月17日，玛格丽特出身于美国一个普通家庭，从小便成绩优异，之后顺利考上大学。大学里，她主修数学，毕业后，成为一名教师。工作顺风顺水，美好的爱情也随之而来。不久，玛格丽特结婚了，因为丈夫还

在哈佛法学院继续深造，她便承担起了养家的责任。为了贴补家用，她额外找了一份在MIT仪表实验室的临时编码工作。也正是这个工作，让她获得了进入著名的林肯实验室工作的机会。

在20世纪60年代，程序员的工作远没有现在这般风光，工作内容也比现在复杂几十倍。刚来到实验室工作的玛格丽特每天被各种棘手的程序弄得几乎崩溃，但正是这些五花八门的难题，激起了玛格丽特的求知欲和好胜欲。她拿出在求学时代的刻苦钻研精神，深入到程序设定工作中去。

1961年5月25日，美国总统肯尼迪向全世界宣布，美国已经制订了"阿波罗登月计划"，与此同时，玛格丽特被安排加入该计划，为登月飞船编写程序。

接下来的7年里，玛格丽特的工作压力不断加大，白天在实验室里满脑子都在设定程序，晚上回到家，甚至做梦都梦到因为自己设定的程序有误，导致阿波罗号坠毁，梦醒后她赶紧跑到实验室，重新检查，还真的发现了一个小错误。从此之后，玛格丽特的工作越发细致，因为她深切地明白，一个不起眼的小失误可能会带来灾难性的后果。

在实验室里，玛格丽特还被称呼为"工作狂妈妈"，因为她经常加班，只能将女儿带在身边。一天，年幼的女儿趁着妈妈不注意，随意地在键盘上乱按一气，一条错误的信息突然从屏幕上弹出，使得原本还在飞行状态的模拟器瞬间崩溃。玛格丽特意识到这个问题的严重性，她立马发出警示，要在整个系统中多加一段代码，防止类似的状况发生。但当时，大家都认为宇航员经过了严格训练，绝对不可能出错，再加上当年的计算机存储空间和运算能力十分有限，也无法再添加多的任务。所以玛格丽特只好放弃了。

科学里从来没有侥幸，可怕的事情还是发生了。1968年12月21日，人类首次绕月飞行的阿波罗8号发射。在飞行的第5天，宇航员无意间按下了那个按键，这个模式一旦启动，所有导航数据都会被清空，飞船将会迷失在太空中。

求救电话打给了玛格丽特，她马上带领一群程序员，连续奋战9个小时，制订出了一个新的计划，终于使得阿波罗8号顺利归来。

玛格丽特被同事们簇拥着，庆祝这个伟大的胜利。庆祝之余，美国国家航空航天局也意识到了软件的重要性，逐渐把软件团队扩大到400人，玛格丽特被任命为整个软件编程部的部长。

能力越大责任越大，玛格丽特加班的频率也越来越高，时间也越来越长。

1969年6月20日，在阿波罗11号飞船即将登陆月球前的几分钟，因为计算机过度运转，弹出大量错误信息，系统几近崩溃。如果电脑扛不住，飞船毫无疑问将会坠毁。就在这危急关头，玛格丽特首创的"异步处理程序"顶住所有压力，为阿波罗11号解决了危机，也为自己赢得了荣誉。"幸运的是，任务控制中心的人信任我们的软件。"她这样说道。这个时候，她才33岁。

登月成功后，玛格丽特离开美国国家航空航天局，创建了自己的公司。1973年，她继续通过美国第一个空间站Skylab研究NASA软件，为阿波罗11号之后的5次登月提供了支持。

2003年，玛格丽特因对"阿波罗计划"的贡献获得美国国家航空航天局对个人的最高奖励——"NASA杰出太空行动奖"；2016年，玛格丽特再次获得美国最高的民事荣誉——"总统自由勋章"，与盖茨、乔丹同台领奖；2022年，玛格丽特入选美国国家航空名人堂。

曾有人这样评价她："没有玛格丽特·汉密尔顿，就没有阿姆斯特朗的一小步和人类的一大步。"面对这样的褒奖，玛格丽特只是微微一笑，她生性恬淡，处事低调，回顾那段从零开始的程序员生涯，她说自己是世界上最幸运的人。当她那张与文件等高的照片，被放在社交媒体上流传之后，人们才重新去关注"人类一大步"后的隐形功臣，才发现原来这位功臣也是热爱生活、崇尚美的独立女性。

那些女孩教我的事：

成为一颗星星，有棱有角，还会发光。

昂山素季：缅甸的女儿

政治家

（1945年6月19日— ）

"我们所拥有的是恒心。不是耐心,是恒心。无论面对怎样的困难,我们都准备持之以恒。"

1914年10月14日,在诺贝尔和平奖颁奖典礼上,评奖委员会给出了这样一段颁奖词:"要通过这一奖项向这位女战士表示敬意,向全世界致力于以和平方式为民主而奋斗的人民表达支持。"而彼时,颁奖词中的"女战士"自1989年始就遭缅甸军政府的软禁,直到获奖后的第四年才被释放。

这位"女战士"有一个美丽的名字——昂山素季,1945年6月19日出生于缅甸仰光,她的父亲是被称为"缅甸国父"的昂山将军。生长在这样的光环之下,昂山素季从小便受到瞩目。在她2岁的时候,父亲突然遇刺身亡。失去父爱的昂山素季,在课堂上和书本上了解到了父亲生前的一切,她深深认同父亲为缅甸独立所做的一切。

1960年,昂山素季迎来了命运的转折点,这一年,她15岁,母亲被缅甸政府任命为驻印度大使,要带着她前往印度生活,这是她第一次离开祖国,当时的她根本没有想到,这次离开,居然和祖国阔别了整整28年。

昂山素季天资聪颖,学习成绩优异,性格上也遗传了父亲坚强、刚毅的优点,她来到印度后,接触到了"圣雄"甘地的政治、哲学思想,为日后进行民主活动埋下了伏笔。

虽然身在印度,昂山素季却时刻关心着祖国的局势,期待有一天,能和父亲一样,为祖国的富强奋斗一生。

中学毕业后,昂山素季前往世界名校牛津大学继续深造,陆续

获得了哲学、政治学和经济学的学士学位。缅甸却在这个时期发生剧变,进入了军政府独裁统治时期。出于对"缅甸国父"之女身份的忌惮,昂山素季被军政府禁止回国,从这时起,昂山素季成了一个有家难回的游子。

昂山素季选择了静静等待,她深藏对祖国的眷念,积极主动地寻求一切和祖国有交集的工作,在这期间,她收获了一段真挚的爱情,在1972年步入了婚姻的殿堂,面对着丈夫的殷殷爱意,她提出了一个要求:倘若缅甸有一天需要她,她一定会选择回到祖国。

昂山素季在英国过上了安稳的生活,在旁人眼里,她是优雅、美丽的全职太太;在丈夫眼里,她是亲密的伴侣;在孩子眼里,她是温柔的母亲。不过,在昂山素季的内心,她从未忘记过祖国和人民:她成立机构,帮助缅甸青年到海外留学;她时常会见被军政府驱逐出境的缅甸爱国人士,听他们分析时政。她一直在为缅甸的民主事业、国家的复兴贡献着力量。15 年过去了，昂山素季就这样兼顾着家事与国事，理想之光从未熄灭。

1988 年，昂山素季的母亲病危，她意识到这是一个重返祖国的机会，但是，当时的缅甸仍然对西方持抵制态度，这也就意味着昂山素季必须放弃丈夫和孩子，彻底远离自己的家。在离别的时候，她对两个孩子撒了一个谎，告诉他们两周后自己就能回来。实际上，她的内心清楚地明白，再一次团聚不知道要到何时了。

回到祖国的昂山素季，亲眼看见祖国人民在缅甸军政府的暴政下，过着水深火热的生活，她振臂高呼，从一个妻子和母亲变成了领导人民反抗的斗士。她走上演讲台，和缅甸军政府对峙；她成立民主联盟，成为全国最大的反对党领袖；她发出响彻云霄的呐喊："在国家危急之时，作为英雄子女，我将挺身而出。"

缅甸军政府坐不住了，他们以煽动骚乱的罪名，逮捕了昂山素季。迫于压力，军政府给了两条路让她选择，要么被软禁，要么离开缅甸。离开缅甸意味着她可以回到家人身边，去享受安稳的生活。同时也意味着她也许再也没法回到祖国了。

昂山素季义无反顾地选择了被软禁，她知道丈夫能够理解妻子的做法，知道孩子们能体谅母亲的难处。最终，昂山素季遭到了三次软禁，一直过着被关押，被释放，再被关押的生活，直到 2010 年，她才获得真正意义上的自由。此时，她的丈夫因为疾病已经在 1999 年去世了，两个儿子也已长大成人。重获自由之时，有记者问她："害怕吗？他们可能随时会再把你关起来。"65 岁的昂山素季微笑着回答："不害怕，只要我是自由的，我就会尽可能多做些事情。"

岁月风霜了容颜，昂山素季耳边的头发已经斑白，她的目光却一直坚定，深邃。作为一位聪慧而坚强的女性，她背负着父亲的使命、缅甸人民的期待，放弃家庭和安稳的生活，投身于国家的政治舞台，最终成长为一名抵抗压迫、坚决捍卫民主与人权的"女战士"。

在诺贝尔和平奖的颁奖现场，尽管昂山素季无法到场，她委托自己的儿子在领奖台上说了这样一段话："在缅甸追求民主，是一国民作为世界大家庭中自由与平等的成员，过一种充实全面、富有意义的生活的斗争。它是永不停止的人类努力的一部分，以此证明人的精神能够超越他自然属性的瑕疵。"

那些女孩教我的事：

忍耐是一种胸怀，是一种领悟，是一种人生的技巧。

惠特妮·休斯顿：天使与恶魔

黑人歌手
（1963年8月9日—2012年2月11日）

"当我决定成为一名歌手时,我是12岁。我知道这是我想要做的。我知道上帝给了我一些东西,我应该使用它。"

"毫无疑问,她是美利坚的声音。"这是2012年惠特妮·休斯顿去世后,《时代周刊》做出的评价。作为一名实力唱将,在音乐层面,根据吉尼斯世界纪录,惠特妮获奖415次,提名562次,是获奖最多的女歌手;作为一名黑人偶像,在影响力层面,惠特妮和迈克尔·杰克逊一起,打破种族屏障,让黑人歌手站在了世界乐坛的顶峰。她的一生,曾踏足山巅也曾跌落谷底,她给了很多人平凡岁月里最坚定的信仰。

1963年8月7日,惠特妮出生在美国新泽西州纽瓦克市的一个音乐世家,是家里最小的孩子,同时也是唯一的女孩,得到了家里所有人的宠爱。她的父亲生性乐观,和女儿像朋友般相处;她的母亲是美国灵魂乐女歌手,时刻为女儿营造音乐的氛围。在惠特妮刚学会说话时,母亲便发现她声音清脆、嘹亮,对节奏敏感,于是便有心引导她往歌手的方向发展。

小小的惠特妮时常跟着母亲去录音棚玩耍,认识了不少乐器。5岁时,她学会了弹钢琴,这成为了她最热衷的一项游戏,经常自弹自唱,

沉迷其中。9岁时，母亲为她制定了一套独立的训练方案，让她每天练习，并经常带着她去巡演，让她实地观摩。11岁那年，惠特妮第一次登台演唱。那一次，她是独唱，面对满屋子的人，不免有些慌张。母亲坐在台下，微笑着鼓励她。惠特妮鼓足勇气，站在舞台中央，迎着众人的目光，放开嗓子高声歌唱。这一次，她感受到了掌声的魅力，也萌生了要成为一名歌手的念头。

时光来到1980年，此时的惠特尼不仅拥有天使般的嗓音，还拥有健康的肤色，甜美的脸庞，明媚的笑容和修长的身材，虽然她还没有正式步入歌坛，但已经是模特界一颗冉冉升起的新星。她以黑人形象登上了美国最流行的少女杂志——《17》（$Seventeen$），打破了当时由白人主导的局面。这期杂志一经发行，人们立刻就喜欢上了这位非裔美国女孩。第二年，惠特尼高中毕业了，在母亲的规划下，她正式开始演唱事业。

机会总是留给有准备的人，很快，惠特尼便迎来了她人生中最大的转机。1983年，惠特尼和母亲在纽约同台演出，这个年轻的女孩站在舞台中央，气质淡然，嗓音干净且充满了力量。坐在台下的唱片公司总裁意识到她的未来不可估量，于是当机立断，向惠特尼提供了一份全球性合约。不久之后，惠特尼的首张专辑——《惠特妮·休斯顿》公开发行，最终以2500万张的销量成为最畅销的处女作专辑。紧接着第二张专辑《惠特尼》再创高峰，并诞生了四首冠军单曲。

惠特妮迅速红遍了美国各地，她与另一位黑人歌手迈克尔·杰克逊，成为美国乐坛的两大传奇，让全世界的黑人深受鼓舞。

1993年，惠特尼到达了演艺生涯的最高峰。这一年，她29岁，她主演的电影《保镖》上映，演唱的主题曲《我会永远爱你》成了史上销量最高的单曲。也是从这时起，惠特妮身上多了一个封号：美国之声。意思是，她代表一个国家的声音。

　　惠特尼的事业实在是太顺利了，她似乎毫不费力地就拥有了别人也许耗尽一生都无法获得的机会，可也在这一刻，她的人生开始反转。

　　惠特尼结婚了，她不顾众人的反对，嫁给了美国娱乐界出了名的"坏小子"。在"坏小子"的影响下，她染上了毒品，因为毒品的侵蚀，她的嗓音开始沙哑，唱歌跑调破音，严重时甚至发不出声音。她肆意消耗着她的天赋、才华、运气、荣誉，频频被爆出负面消息，她的粉丝指责她，亲人疏离她。面对这一切，她的内心也无法像歌声表现的那样强大。

　　接受采访时，记者问："如果给这些魔鬼命名，谁是罪魁祸首？"惠特妮说："我自己。"意识到这些错误后，惠特尼积极戒毒，于沉沉浮浮中，准备复出，可此时的她已经遍体鳞伤，一场场演唱会开下来，歌迷们大失所望，纷纷离场，她又沉寂了下去。

　　2012年2月11日，第54届格莱美音乐盛典的前一天，年仅48岁的美惠特妮·休斯顿去世，命运没给她更多的时间。但她华美的嗓音、耀眼的荣誉，成为一代人的音乐记忆……

那些女孩教我的事：
你是风啊，别怕大山，翻过它就是了。

阿加莎·克里斯蒂：侦探女王

侦探作家
（1890年9月15日—1976年1月12日）

"在所有的品行中，我最推崇忠诚。忠诚和勇敢是人类两大最优秀的品德。任何形式的勇敢，无论是体力的还是精神的，都使我满怀敬意。这是生活中最重要的品德。如果你要生活，就不能没有勇敢，这是必不可少的。"

据统计，在美国，孩子读的第一本文学作品通常是侦探小说；在法国，喜欢侦探小说的占全体读者的35%；在日本，侦探小说产业非常发达，每年都有大量图书出版。在英国，有一位女作家凭借78部犯罪小说以44种语言出版，近20亿册的销量，创下了吉尼斯世界纪录，获得最畅销小说家的称号。在她的笔下，一位名叫波洛的小个子男人，"他脑袋的形状像个鸡蛋，而且他还喜欢把头稍稍偏向一侧。他的胡子硬邦邦的，像军人的胡子。他的着装整洁得惊人，一粒灰尘落在他身上，简直比让他吃颗枪子儿还难受"。和大侦探福尔摩斯一样，成为读者心目中的天才侦探。

阿加莎·克里斯蒂，正是这一侦探形象的缔造者。从中学起，她就谜一般地喜欢上了侦探小说，她对福尔摩斯的故事，如数家珍，后来，她又喜欢上了历史小说，不过，当时看小说只是一种消遣，阿加莎从未想过日后会成为一名职业作家。直到有一天，母亲给她建议，可以尝试着写小说，她才开始思考这个问题。

当时的阿加莎正患流感，在家卧床休息，她听到母亲的提议后便开始思考自己该创作一个什么样的故事，那段时间她正在迷恋劳伦斯的作品，于是在一个晚上，她提笔写下了《丽人之屋》，随后又写出了几个故事——《翅膀的呼唤》《孤独的上帝》等。并用姐姐的打字机将小说打出来，投给了几家杂志社。本没抱有什么希望，自然也没有期待，因此当稿件被原封不动地退回时，阿加莎也没有过多的失望。只是这种创作的感觉让她感到非常惬意，一段时间后，她又开始尝试写长篇小说、写诗、无一例外都失败了。可这些并没有影响阿加莎的心情，她照样过着自己的小日子，读着自己喜欢的书，每天都很快乐。

有一天，阿加莎和姐姐一起读一本名叫《黄色房间的秘密》的侦探小说，她们俩对故事中明面上的线索和隐藏的线索都非常有兴趣，并且争论不休，这让阿加莎意识到，也许侦探小说是个不错的写作方向。当时的阿加莎在医院药房担任药剂师助理，学习了不少药品理论和化学知识，后期又参与了配制药剂的工作。在那个年代，药片、洗剂和补剂还都是人工制成的，因此这一工作的技术含量其实相当高。药可以救人同样也可以杀人，于是她萌生了将"投毒"作为一个故事核加到侦探小说的创作中去的想法。

1916年，阿加莎完成了处女作《斯泰尔斯庄园奇案》，创作了利用毒药氰化物杀人的桥段。在故事里，毒药不仅是受害者被害的原因，也是推动情节发展的关键，并成为读者们津津乐道的谈资。小说完成后并没有受到出版商的青睐，陆续被多家出版社退稿，直到1920年，才被博得利·黑德出版公司出版。

《斯泰尔斯庄园奇案》的出版对阿加莎的意义是重大的，因为它肯定了阿加莎的写作思路和创作方向，开

启了阿加莎的侦探小说创作之门。并且在《斯泰尔斯庄园奇案》里，阿加莎创造了赫尔克里·波洛这个经典的侦探形象。

阿加莎的写作之路开始顺畅起来。1926年，阿加莎写出了自己的成名作《罗杰疑案》。在《罗杰疑案》一炮打响的时候，厄运纷至沓来：母亲突然因病离世，丈夫背叛家庭，阿加莎悲痛欲绝，在一个晚上开着自己的车离开了家。这一次，阿加莎消失了12天，没有人知道她在这12天里干了些什么，想了些什么，这是她与自己相处的12天。正如她所说的："人们必须接受这样一个事实：在这个世界上，我们只有一个伴侣，一个从摇篮到坟墓陪伴我们的伴侣——我们自己。和你的伴侣搞好关系——学会和自己相处。"

回来后的阿加莎做出了与丈夫离婚的决定，并且以新的姿态投入到小说的创作中去。她的思路更加宽广，时常将自己的小说设定在一个充满异域风情的国家；她的笔锋更加细腻，对人物的心理描写总是惟妙惟肖；她的故事结构更加完整，总是设置多个伏笔和线索；

她的生活更加自我和冒险，她加入了考古队，踏上了远赴中东伊斯坦布尔的东方快车；她始终在传导有价值的人生，无论故事中描写的人性多么复杂，但她从未放弃对正义、善良的坚守。她收获了越来越多的粉丝，同样也收获了自己的第二段爱情，生活非常美满。

　　阿加莎营造出来的悬疑世界，让她获得了巨大的成功。她不仅荣获了"不列颠帝国勋章"和埃克塞特大学名誉文学博士学位，还被英国女王授予"女爵士"的封号和"侦探女王"的桂冠。

　　1976年1月12日，阿加莎在家中逝世，享年85岁。

那些女孩教我的事：

要保持独立，不依附于任何人，成为自己命运的主宰。

J.K. 罗琳：魔法世界缔造者

作家

（1965年7月31日— ）

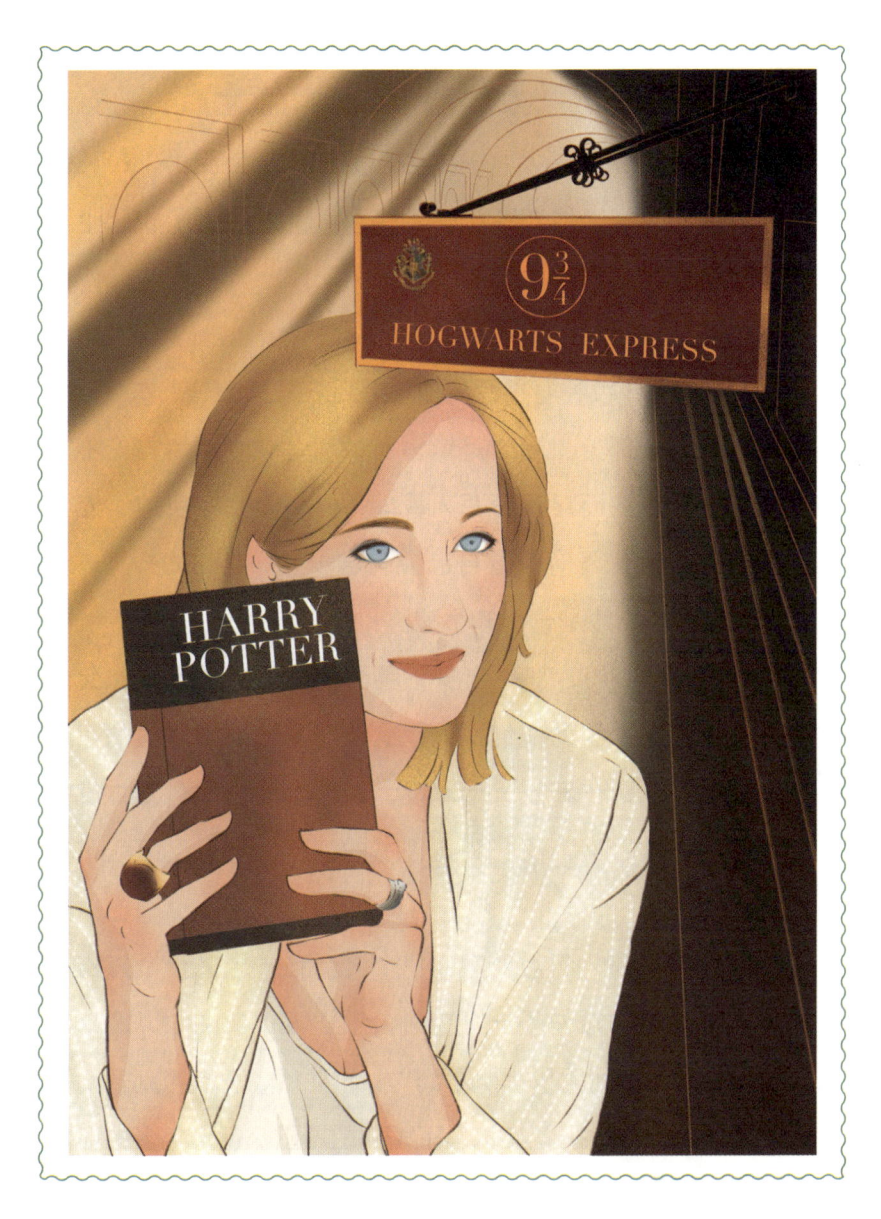

"想象一下吧，从我毕业后的七年，无疑是最低谷的，可是，我现在觉得失败很有趣，不失败就不能知道品尝成功的蛋糕时是那么甜蜜，那么幸福！"

在"哈利·波特"系列的第七部《哈利·波特与死亡圣器》的最后，作者J.K.罗琳这样写道："伤疤已经十九年没有疼过了，一切太平。"这是哈利在现实世界里与大家的告别，但在魔法世界里，哈利依旧勇敢坚强、充满正义，他在魔法部工作，有美丽的妻子和三个可爱的孩子，在某个平凡的早上，和所有的老父亲一样，在九又四分之三站台，送孩子们去霍格沃茨魔法学校。

如今，"哈利·波特"已经和福尔摩斯、披头士、大本钟一样，成为英国文化的一部分。无论是销售册数还是电影票房，无不显示着它受欢迎的程度。面对这份骄人战绩，当年为生活所迫，埋头写作的J.K.罗琳，从来没有想过自己会有这一天，在她的心里，自己不仅是一只丑小鸭，还是一个笨小孩。

1965年7月31日，罗琳出身于英国的一个普通家庭，父母对她的到来有些失望，因为他们都渴望有一个男孩。小时候的罗琳，短头发，满脸雀斑，在家被父母忽视，在学校被同学孤立，没什么朋友，幸好她喜欢看书，便一头扎进书的海洋，为自己织就了很多美丽的童话。

童话绚烂但易碎，面对现实，罗琳接受着一个又一个打击，报考牛津大学落选后，她去了一所普通大学学习古典文学，这个专业曾被父母讽刺为"连间厕所都赚不到"；毕业后，罗琳来到葡萄牙，找了一份老师的工作，接着又步入了婚姻的殿堂。仅一年多的时间，丈夫便经常为了一点小事和罗琳争吵，甚至大打出手。1933年，罗琳婚姻破裂，她只身带着三岁的女儿回到英国，这一年她28岁。

因为带着幼小的孩子，罗琳找不到工作，只能靠领取救济金生活，每天过着有上顿没下顿的日子。此时，卧床多年的母亲因病离世，父亲也和她断绝联系。似乎所有的糟糕事同时找到了罗琳，让她喘不过气来，她陷入无边的黑暗里，觉得自己是世界上最失败的人。

罗琳患上了严重的抑郁症，她想离开这个世界，也许这才是最好的解脱。这时，三岁的女儿喊了几声"妈妈"，依偎在她的怀里，冲着她甜甜地微笑。罗琳突然想到，自己的生活已经如此糟糕，也许不会再糟糕到哪里去了。她开始振作起来，在阳光充沛的上午，为女儿做一顿简单的午餐；在屋外雨声的陪伴下，收拾下破旧的房间；在熙熙攘攘的人群中，接受陌生人善意的微笑，在这些点滴中慢慢寻回对生活的热爱。

对生活有了希望，罗琳开始思考如何养活自己和女儿？童年时代的罗琳喜欢读书，6岁便开始自己创作童话；中学后更是有了想成为一个作家的梦想；大学时代，她的大多数时间都泡在图书馆，阅读了大量的文学作品。曾有段时间，她迷上了托尔金的《魔戒》三部曲，毕业后，尽管生活艰辛，四处辗转，这套书却一直放在身边。此刻，她再次翻开这本书，看到以前自己做的标注，突然萌生出一个想法：我可以写书，可以试试写写魔幻题材啊！

"嗨，我的名字叫哈利·波特。"这是一个小男孩，他瘦瘦小小的，一头乱蓬蓬的短发，戴着圆形的眼镜，面色明亮，目光深邃，来自一个神秘的魔法世界……罗琳赶紧将这些想法记下来，以后的日子里，一些碎片时常会出其不意地从脑袋里冒出来，又会毫无预兆地消失，罗琳经常随身携带一些卡片和笔，随时随地记录灵感。

英国的冬天寒冷多雨，罗琳带着女儿来到咖啡馆取暖，她点上一杯最便宜的咖啡，摊开笔记本，将卡片上零散的想法整理成文字。她写完了好几个笔记本，一部完整的手稿终于出炉。这时，时间已经过去了5年。这5年里，罗琳一直过着艰苦的生活，唯有在写作和面对女儿的时候，她才能感受到一些温暖。

这部手稿，如同罗琳的第二个孩子，她称之为《哈利·波特与魔法石》。寻求出版，是罗琳接下来做的事情，她一连找了12家出版社，可没有一家看好这类作品。最后，有一家小型出版社愿意先印刷500本，即便出版数量少得可怜，即便还要用一个中性化的名字来做笔名。罗琳还是很欣喜地接受了，就这样，从前的乔安妮·罗琳变成了蓄势待发的J.K.罗琳。一切准备就绪，这本魔幻小说终于出版了，这一年，是1997年，罗琳32岁。

500册的《哈利·波特与魔法石》上市后并没有引起什么波澜，

也没有读者来讨论写这本小说的作者到底是女性还是男性,但给罗琳带来了一个机会。美国的一家出版社找到罗琳,以高价买下这本书在美国的出版权,并希望罗琳能继续写下去。

罗琳的才华得到了认可,生活也有了保障,她的创作热情得到最大程度的释放,三年里,她又相继创作出了《哈利·波特与密室》和《哈利·波特与阿兹卡班的囚徒》,一直到2008年,罗琳完成了七部"哈利·波特"系列小说。

从1997年到2008年的20年时间里,罗琳的生活有了翻天覆地的变化,她身价飞涨,她创造的魔法世界在全世界范围内持续掀起热潮。

人生的逆袭需要的永远是坚持和努力,在罗琳的至暗时刻里,她有过彷徨和不安,可绝不轻易妥协的念头支撑着她改变了生活的面貌,直至她登上人生的巅峰。

> 那些女孩教我的事:
> 长路漫漫终迎来黎明,千帆过尽得见欢欣。

下一位，是你

请写下独属于你的故事。

图书在版编目（CIP）数据

了不起的女孩.2 / 杜蕾著. — 北京：中国致公出版社，2024.9. — ISBN 978-7-5145-2018-7

Ⅰ.K818.5

中国国家版本馆CIP数据核字第2024TW7579号

了不起的女孩.2 / 杜蕾著
LIAOBUQI DE NÜHAI

出　　版	中国致公出版社
	（北京市朝阳区八里庄西里100号住邦2000大厦1号楼西区21层）
出　　品	湖北知音动漫有限公司
	（武汉市东湖路179号）
发　　行	中国致公出版社（010-66121708）
作品企划	知音动漫图书·文艺坊
责任编辑	方　莹　柳　欣
责任校对	魏志军
装帧设计	李艺菲
责任印制	翟锡麟
印　　刷	武汉精一佳印刷有限公司
版　　次	2024年9月第1版
印　　次	2024年9月第1版第1次印刷
开　　本	710mm×1000mm　1/16
印　　张	6.5
字　　数	75千字
书　　号	ISBN 978-7-5145-2018-7
定　　价	39.80元

版权所有，盗版必究（举报电话：027-68890818）
（如发现印装质量问题，请寄本公司调换，电话：027-68890818）